图书馆管理与多元化服务创新探索

朱东亮　高保雪　范娟平◎著

中国出版集团　现代出版社

图书在版编目（CIP）数据

图书馆管理与多元化服务创新探索 / 朱东亮，高保雪，范娟平著. -- 北京：现代出版社，2024.4
ISBN 978-7-5231-0835-2

Ⅰ.①图… Ⅱ.①朱… ②高… ③范… Ⅲ.①图书馆管理-研究②图书馆服务-研究 Ⅳ.①G251②G252

中国国家版本馆CIP数据核字（2024）第072677号

著　　者	朱东亮　高保雪　范娟平
责任编辑	刘　刚

出 版 人	乔先彪
出版发行	现代出版社
地　　址	北京市朝阳区安外安华里504号
邮政编码	10011
电　　话	（010）64267325
传　　真	（010）64245264
网　　址	www.1980xd.com
电子邮箱	xiandai@vip.sina.com
印　　刷	北京建宏印刷有限公司
开　　本	889mm×1194mm　1/16
印　　张	11
字　　数	250千字
版　　次	2024年4月第1版　2024年4月第1次印刷
书　　号	ISBN 978-7-5231-0835-2
定　　价	68.00元

版权所有，翻印必究；未经许可，不得转载

前　言

21世纪是知识经济的世纪，信息、知识在促进经济和社会发展方面将发挥越来越重要的作用。科学技术正突飞猛进，迅速改变着这个世界，以知识和信息为基础，竞争与合作并存的全球化的市场经济正在形成，欧美国家科技进步对经济增长的贡献已经超过了其他生产要素贡献的总和，人类的未来和国家的繁荣比以往任何时候都更加依赖创造和应用知识的能力与效率。而图书馆是聚集知识和信息的大宝库，如何使它所容纳的各种各样的知识与信息转化为现实的生产力，这就需要图书馆的创新管理。实际上，图书馆在适应社会的不断发展中，始终伴随着自身的进步与创新探索。

创新管理是图书馆管理工作的必要途径。图书馆是知识的海洋，对读者素质的提升起着重要的作用。图书馆优质的服务和广阔的知识，是读者获取知识的主要场所，这样既可以提升自我修养也可以增长知识，为社会的发展做出贡献。创新管理有利于图书馆管理与服务工作的有效开展。

本书是图书馆管理与服务方向的书籍，主要研究图书馆管理与多元化服务创新，本书首先从图书馆管理的基础介绍入手，针对图书馆的全面质量管理以及图书馆的人力资源管理、图书馆的参考咨询服务进行了全面的分析研究；另外对图书馆阅读服务与数字环境建设以及图书馆服务与管理的创新提出了一些建议；本书构思新颖、逻辑严谨，将理论与实践紧密结合，可以帮助图书馆工作人员更好地进行图书馆管理，对图书馆管理与多元化服务的创新探索也有很大的帮助。

在本书的写作过程中，作者查阅和引用了网络、书籍以及期刊等相关资料，因涉及内容较多，在这里不一一注明引用出处。谨向本书所引用资料的作者表示诚挚的感谢。此外，本书得到了相关专家和同行的支持与帮助，在此一并致谢。由于作者精力有限，书中难免出现纰漏，恳请广大读者指正！

目 录

第一章 图书馆管理概述 ... 1
第一节 图书馆管理的内涵与特点 ... 1
第二节 图书馆管理的范畴与职能 ... 5
第三节 图书馆管理的原理 ... 14

第二章 图书馆全面质量管理 ... 25
第一节 质量管理理论与图书馆建设 ... 25
第二节 图书馆全面质量管理的依据与要素 ... 31
第三节 图书馆质量管理体系的模型与构建 ... 36

第三章 图书馆人力资源管理 ... 45
第一节 图书馆人力资源管理的内涵 ... 45
第二节 图书馆人力资源的聘用与考核 ... 51
第三节 图书馆人力资源的培训与开发 ... 62

第四章 图书馆参考咨询服务 ... 72
第一节 图书馆参考咨询及工作要素 ... 72
第二节 公共图书馆参考咨询服务体系与档案收集 ... 80
第三节 从传统参考咨询服务到信息咨询服务的转型 ... 85
第四节 数字化背景下的公共图书馆参考咨询服务 ... 93

第五章　图书馆阅读服务与数字环境建设 …… 100

第一节　阅读的特性与心理 …… 100
第二节　图书馆的职责与服务理念 …… 104
第三节　图书馆的阅读服务 …… 110
第四节　图书馆数字环境建设 …… 118

第六章　图书馆服务与管理的创新 …… 131

第一节　基于网络环境下图书馆服务理念的创新 …… 131
第二节　基于图书馆公共文化的服务创新 …… 139
第三节　基于宏观与微观视域下的图书馆管理创新 …… 148
第四节　基于图书馆的服务模式的创新 …… 157

参考文献 …… 169

第一章

图书馆管理概述

第一节 图书馆管理的内涵与特点

一、图书馆管理的内涵

图书馆管理是指引导人力资源、财力资源、信息资源和物质资源进入动态的图书馆以达到图书馆管理的目标,就是使其服务对象——读者满意,并且使服务的提供者——馆员获得一种高涨的士气和强烈的成就感的活动。

这是一个关于图书馆管理的综合性定义。让我们来分析一下这个定义。

图书馆管理包含对人力资源、财力资源、信息资源和物质资源的管理。图书馆管理者必须平衡四者之间的关系,不能厚此薄彼。

图书馆的动态性在这个定义中得到了体现。图书馆的运营是处在一个永远变化的环境之中的,因为信息技术在变化,读者在变化,信息产品和信息服务在变化,馆员也在变化。因而,图书馆也必须变化。那些随时准备适应环境变化的图书馆被称为动态图书馆,正如在定义中所阐述的那样,图书馆管理涉及将人力资源、财力资源、信息资源和物质资源引导进入一个动态图书馆中去。

达到目标是这一定义不可分割的组成部分。目标是一个图书馆管理不可或缺的要素,没有目标,图书馆管理就没有了方向。

衡量达到图书馆目标的绩效度量是其所服务对象的满意程度。读者是图书馆服务的对象,对于成功的图书馆管理需要注重的是读者的满意程度。一些图书馆对读者持一种消极的态度,从长远的观点看,这种态度会使图书馆步入困境。不论一个图书馆是处在一种高度竞争的环境中还是处在一种非高度竞争的环境中,其所关注的焦点都应当是读者的满意程度。因此,图书馆管理就是为了达到使读者满意的目的,而将人力资源、财力资源、信息资源和物质资源引入动态图书馆中。

定义中的最后一个部分是关于对提高士气和成就感的阐述。而高涨的士气和强烈的成就感是馆员在提供信息服务的过程中获得的，馆员从工作中所获得的成就感和满意程度对图书馆达到目标以及为读者提供满意的服务具有很大的影响。

二、图书馆管理的特点

作为一种特殊的社会实践活动，图书馆管理具有一般社会实践所共有的客观性、能动性和社会历史性等特性，不过这一特性在图书馆管理中有其具体的表现形式。整个实践的特性对于不同的实践活动来说是一种有共性的东西，而具有这种共性的各种实践活动又表现出不同的特性。图书馆管理具有以下几个主要特性。

（一）综合性

图书馆管理的综合性，从空间上来说，它贯穿于一切图书馆管理活动，存在于图书馆管理活动的一切方面和一切领域，凡是有图书馆管理活动的地方，就有图书馆管理存在。从时间来说，它与图书馆共始终。在中国商代，不仅有藏书之所、掌书之人，而且有管书之法。商代设史官掌管藏书，虽然这一时期尚未形成书籍分类和编目体例，但对藏书的管理已存在一定之法。商代史官在甲骨片编联成册之后，为便于查找，在储藏中采用标签形式将其标识。另据英国考古学家伍利（Leonard Woolley）在幼发拉底河口附近的乌尔（Ur）发掘出的 400 多块泥版文书和 1000 多块残片，发现泥版文书中的经济资料是按主题和年代排列的，泥版还挂有内容简介的标志牌。经专家鉴定，这些泥版文书是由一座寺庙图书馆收藏的，大约存在于公元前 3000 年。这是国外存在最早的藏书管理，代表着国外最原始的图书馆管理理念。随着信息技术的发展，图书馆的形态可能会发生一些变化，传统的纸质图书馆可能会逐渐萎缩，虚拟图书馆、电子图书馆、数字图书馆或网络图书馆将登上历史舞台。但我们认为，只要还存在图书馆管理活动，不管其形式如何，仍然离不开管理。因此，在图书馆发展的长河中，管理是无处不在、无时不有的一种社会活动，它在图书馆系统中横贯各个层次、涵盖一切领域，具有综合性。

（二）依附性

图书馆管理都要依附于一定的图书馆业务工作，它的全部实际内容和具体形式离开了其他的业务活动就不能单独存在，图书馆管理是对业务活动（文献采选、分类编目、书刊借阅、参考咨询、文献检索、情报研究等）的管理。图书馆管理的这种依附性主要表现在：图书馆管理的目标要依托于具体的业务活动才能实现，图书馆管理的过程总是伴随着其他业务活动的进行而展开，图书馆管理的结果则总是融合在其他业务活动的成果之中。

也就是说，图书馆管理要以其他某一种、某几种或全部业务活动作为自己的"载体"。

（三）协调性

所谓协调性，是指调节和改造各种管理对象之间的关系，使它们能相互适应，按照事物自身固有的规律使它们在整体上处于最佳的功能状态。图书馆管理与其他业务活动不同。首先，从活动的对象来看，一般业务活动总将某个特定的具体事物作为自己的对象，如文献采选以图书馆未收藏的新书、新刊、新报、新光盘等文献载体为对象，分编工作以图书馆已采购回来的新文献为对象，咨询服务以读者为对象等。但是，图书馆管理在一定意义上却是以图书馆系统的各种业务活动为自己的管理对象，是对这些业务活动之间的关系以及这些业务活动内部的各种要素之间的关系进行协调的活动，从而改变它们的存在状态。

其次，从活动的任务来看，一般的业务活动都有自己特定的具体任务，它们或是为了购回本馆读者所需要的文献，或是为了改变文献的形式特征，或是为了将读者所需要的文献传递给读者，或是对读者进行信息检索技能培训，或是为读者提供咨询课题的解答方案等。图书馆管理的主要任务是协调人们之间的关系和利益，协调人们活动的状态和过程，使图书馆各种业务活动要素之间建立有序的结构。所以，图书馆管理是一种柔性的社会活动，图书馆管理者一般并不直接从事信息产品的生产或信息服务活动，他们主要是通过协调各种业务活动的内外关系，特别是馆员之间的关系以及馆员和读者之间的关系，使各种要素、各个环节在共同目标——最有效地满足读者的信息需求的指引下，消除大家在方法、时间、力量或利益等方面存在的分歧和冲突，使图书馆的各种业务活动实现和谐运转，结合成一个有机的整体。

（四）组织性

图书馆管理的组织性，一方面，指的是图书馆管理活动总是通过一定的组织（如学校图书馆、科学图书馆、企业图书馆、公共图书馆、工会图书馆等）进行的，这种组织是由进行管理活动的人所组成的一个有序结构。组织是管理的主体，任何图书馆管理都是由一定的组织机构（即特定的图书馆）去进行的。另一方面，它指的是图书馆管理活动本身就是一种组织活动，这种组织活动将分散的资源如人力、物力、财力、信息等资源组合起来，形成一个稳定的、能够不断根据客观环境变化而进行调整的物质和社会双重结构的过程。这种组织过程把各种离散的、无序的事物结合成一个相互联系、相互制约的管理组织系统，这是图书馆管理活动得以进行的物质和社会实体。同时，它又能不断地根据变化着的外部和内部情况，对管理活动各种要素之间的关系进行调整，以达到物质与社会最佳的匹配关系，使图书馆系统朝着管理的目标运动。前者指的是静态的组织性，它表现为一种有序的组织形式；后者指的是动态的组织性，它表现为一种能动的组织职能。图书馆管理的组织性是图书馆管理最基本的特征。

（五）变革性

管理在本质上是变革活动，是使人获得真正自由的活动。管理的特点就是变革——迅速的、不断的、根本的变革。图书馆管理也不例外。从现象上看，图书馆管理有保守的一面，它要维持图书馆系统一定程度的稳定，要用一定的原则、规章制度约束图书馆成员。但是，保守性、束缚性只是使图书馆获得发展、使个人获得真正自由的手段，因而是暂时的、相对的。稳定是运动的一种特殊状态，因为图书馆系统中的人、财、物、信息等要素是不断发展变化的，图书馆系统外部的经济、政治、文化、科技等环境也在不断变化。要实现对图书馆真正有效的管理，目标和计划就要反映对象的变化，协调活动就要使系统内外因素的配合在变动中趋向合理，要不断通过信息反馈实现对图书馆的动态控制，要根据图书馆的发展改变失去合理性的规章制度。图书馆管理的变革性更重要地表现为其发展演化。图书馆管理要反映图书馆的变化，不仅反映图书馆现时的变化，而且要反映图书馆变化的趋势，还要反映趋势的转变，这只有通过科学预测、设立目标、制订计划、完善组织、实施控制等一系列动态管理活动反复循环才能实现。

（六）科学性

图书馆管理的动态特性并不意味着图书馆管理没有规律可循。尽管图书馆管理是动态的，但还是可将其分成两大类：一是程序性活动，二是非程序性活动。所谓程序性活动，就是指有章可循，照章运作便可取得预想效果的管理活动，如制定读者服务工作中的各种规章制度，制定人员管理工作中的录用、奖惩、培训等方面的条例，制定行政管理的各种规章制度，制定后勤管理的各种规章制度，等等。所谓非程序性活动，就是指无章可循，需要边运作边探讨的管理活动，如建设图书馆自动化系统、图书馆组织机构的调整、复合图书馆的设计等。这两类活动虽然不同，但又是可以转化的。实际上现实的程序性活动就是由以前的非程序性活动转化而来的，这种转化的过程是人们对这类活动与管理对象进行规律性的科学总结，图书馆管理的科学性在这里得到了很好的体现。此外，对新管理对象所采取的非程序性活动只能依据过去的科学结论进行，否则，对这些对象的管理便失去了可靠性，而这本身也体现了图书馆管理的科学性。

（七）艺术性

一方面，由于图书馆管理对象分别处于不同系统（如科学院系统、文化系统、教育系统、工商企业系统等)、不同部门(如采访部、编目部、流通阅览部、典藏部、参考咨询部、研究辅导部、信息技术部、特藏部等)、不同环节(如出纳台借还、书库整理)、不同的资源供给条件等环境中,这就导致了对每一具体管理对象的管理没有一个唯一的完全有章可循的模式,特别是对那些非程序性的、全新的管理对象更是如此,因此,图书馆具体管理活动的成效与管理主体管理技巧的娴熟程度密切相关。事实上,管理主体对管理技巧的运用,体现了管理主体设计和操作管理活动的艺术性。另一方面,由于在达成图书馆资源有效配置的目标与现行责任的过程中,可供选择的管理方式、手段多种多样,因而如何在众多可供选择的管理方式中选择一种合适的用于现实的图书馆管理之中,也是管理主体进行管理的一种艺术性技能。

(八)经济性

图书馆存在着以资源稀缺性为核心的经济问题,如:社会对图书馆的投资应该达到什么样的水平才能充分发挥图书馆的各项社会功能?为了节约社会投资,提高图书馆的投资效益,对图书馆的社会投资应如何分配?怎样选购和组织藏书才能使有限的购书经费发挥最大的效益?要解决上述问题,就必须对图书馆的人力、物力、财力、信息等资源进行合理配置。而资源配置是需要成本的,因此管理就具有经济特性。首先,图书馆管理的经济性首先反映在图书馆资源配置的机会成本上。管理者选择一种资源配置方式是以放弃另一种资源配置方式为代价而取得的,这里有个机会成本的问题。其次,图书馆管理的经济性反映在管理方式方法的选择上。因为在众多可进行资源配置的方式方法中,其成本不同,故如何选择就产生了经济性问题。最后,图书馆管理是对资源有效整合的过程,因此选择不同资源供给和配比,就有成本大小的问题,这是经济性的另一种表现。

第二节 图书馆管理的范畴与职能

一、图书馆管理的范畴

范畴是反映事物本质和普遍联系的基本概念,是人的思维对客观事物本质的普遍反映和概括。

每门学科都应有自身特有的一系列适用范畴。范畴对于学科的发展具有重要意义:①一门学科有没有自身的适用范畴是它能否存在的重要条件。若没有范畴,它既不可能被人们所认识,也不可能被社会所认可。②范畴的不断扩展,就意味着该学科的不断发展。

扩展范畴的途径一是改造原有的范畴，即丰富其内涵或深化其内容；二是提出或形成新的范畴。③范畴对于学科理论建设具有特殊的意义，因为理论观点的表述要借助于范畴才有可能实现。④范畴提供学科的入门知识，对于学习者必不可少。从范畴入手，是学习专业知识的必经之路。⑤范畴是一种交流工具，在专业工作者之间借助于范畴进行交流有助于学科的发展。

（一）主体与客体

管理主体是指具有一定管理能力、拥有相应的权威和责任，从事现实管理活动的人，也就是通常所说的管理者。管理主体具有能动性、创造性、自主性等特性。

图书馆的管理主体通常由两个部分构成：一是根据图书馆既定目标将目标任务分解为各类管理活动、工作任务和负有最终督促完成既定目标的人，这类人通常是图书馆的核心人物，或者说是图书馆的高级领导人员，如馆长、副馆长等；二是各方面具体执行诸如计划、组织、协调、控制、经营等管理活动的人，这类人通常是图书馆的骨干人物，如各部门主任。

现实的图书馆管理活动是一种多层次的综合活动，管理主体通常是由许多个人按一定形式组织起来的整体，这种担负管理主体功能的整体就是管理主体系统。从管理主体的不同职能性质来说，管理主体系统是由处于不同职权地位、担负不同管理职能的人相互组合而成的。一般来说，图书馆管理主体系统由四个部分组成，或者说包括四个子系统，即决策系统、执行系统、监督系统和参谋系统。

管理客体是指进入了管理主体活动领域，并能接受管理主体的协调和组织、以人为中心的客观对象系统。这一规定概括地表明了管理客体的特性，即客观性、可控性、系统性和对象性。

图书馆内的管理客体范围较大。首先，图书馆的一般成员均是管理的客体，他们执行组织分配的工作任务，遵照一定的运行规则进行工作，以求获得良好的工作成绩。其次，图书馆中的其他资源，如信息资源、物质资源、金融资源、关系资源等均是管理的客体，都是管理的收受者，它们在管理的作用下经过特定的技术转换过程成为良好的产出物。最后，当图书馆向外扩展自己的生存空间时，必定要作用于相关的人、财、物、信息或其他组织，这些因素也就相应地成为本图书馆管理的客体，只是这类管理客体不一定很确定，而是经常会变动。

管理主体与管理客体是组成图书馆系统实体结构的两极，它们之间的相互联系和相互作用构成了图书馆管理系统。然而，这种联系和作用是通过管理组织这一形式而发生的。管理组织是图书馆管理系统的现实表现形式。管理主体与管理客体不仅通过组织的形式相互联系，而且通过组织的形式相互转化。这种转化指的是管理主体与管理客体在管理活动中各依一定的条件，使自己的地位向其对立面转化。管理主体与管理客体在图书馆系统中的相互转化有不同的表现形式：一种是地位的转化，这是由图书馆职权层次的变化引起的；一种是角色的转化，这是由图书馆行为的变化而引起的；另一种是自身的转化，这是由组织成员自我意识的变化而引起的。正确认识这些转化，对理解图书馆管理系统的辩证性质有着重要意义。

（二）硬件与软件

一般来说，图书馆管理活动是由两类既相互对立又相互统一的因素所组成的：一类是活动的物质性载体，它具有一定的感性存在形式，具有稳定性、被动性的特点，称为"硬件"。另一类是使物质性载体能够按一定方式组合起来并产生现实活动的精神性因素，它往往不具有固定的感性存在形式，而是具有变动性、创造性、主动性等特点，称为"软件"。这里的硬件和软件都是泛指与图书馆管理活动有关的事物、过程、方法、成果等，具有普遍的意义。

硬件与软件的划分具有相对性和模糊性，只有把两者同时放在图书馆管理活动中进行比较，才具有较为确定的意义。在图书馆系统中，如果把馆舍、文献、信息技术设备等因素看作硬件，那么人的精神因素就是软件；在组织结构中，如果组成图书馆的个人是硬件，那么指导人的行为的价值观念、道德情操、理想信念等就是软件；在组织形式中，如果正式组织是硬件即"硬组织"，那么非正式组织就是软件即"软组织"；在管理技术中，如果把具有固定程式的数学分析方法和计算机技术方法称为硬件，即"硬技术"，那么那些具有创造性、没有固定程式的其他管理技术就是软件，即"软技术"；在管理模式中，把图书馆管理单纯看成一种科学，强调运用数学和逻辑方法以及各种严格的制度和标准化原理来进行管理，这就是"硬管理"；而把管理看成一种艺术，强调对人的思想情感及各种非理性因素进行激励，运用非逻辑的创造性方法进行管理，这就是"软管理"。

在图书馆管理活动中，硬件和软件相互依存，相互促进，共同作用，谁也离不开谁。一方面，硬件是软件的基础。任何管理都必须具有正式的和相对固定的组织形式，必须有明确的职务、权力和责任的划分，必须有严格的大家都要遵循的规章制度，必须运用各种物质手段来组织和协调人们的活动。图书馆系统也必须有稳定的输入和输出关系，即既有一定的物质、能量和信息输入，又有一定的信息产品和信息服务输出。这些看得见、摸得着的有形事物是图书馆管理赖以存在和进行的物质基础，离开了这些硬件，软件就失去了自身依托的物质外壳，任何方法、手段、指令、程序等都无法显示其功能，图书馆管理也就根本不能存在。另一方面，软件是硬件的灵魂。任何管理如果只有硬件而没有相应的软件，那么硬件就只能是没有活力的"死东西"。一个图书馆系统，如果只有单纯的组织结构形式，只有一些硬的规章制度，而组织成员缺乏共同的目标、愿望、动机等软件，那么这样的图书馆是无法进行有效的管理活动的。管理的核心因素是人，而人总是有着自己的需要和追求，有着自己的情感和意志，这些"软件"是图书馆的各种结构和形式等"硬件"的灵魂，它规定着硬件的组成形式，引导着硬件的发展方向。

在图书馆管理活动中，硬件和软件不但相互依存，而且可以相互转化。这种转化包括了硬件的软化和软件的硬化两个方面，它们是和图书馆管理过程紧密联系在一起的。

（三）利益与责任

利益是标志人的物质和精神需要能否得到满足以及得到满足程度的范畴。人们有各种各样的需要，也就有各种各样的利益。人的需要有高低不同的层次，利益也有根本和非根本之别。

责任是一种对自己采取的行为以及行为的社会意义的自觉意识和实践。对于自己责任的自觉意识通常称为责任心或责任感。责任感一般从激发和控制这两个方面将自己的行为确定在与自己的地位和职务相适应的范围内。激发行为是对应尽责任的鼓励，控制行为则是对超越责任的限制。

利益和责任在图书馆管理活动中是一对矛盾因素。首先，二者在方向上相互分离，有时甚至呈现出相互排斥的倾向。利益反映了整个图书馆、图书馆各部门、部门内各小组或馆员的需要，由外向内具有收敛性；而责任则要求整个图书馆、图书馆各部门、部门内各小组或馆员付出（劳动、努力等），是由内向外发出的影响，具有发散性。其次，利益和责任相互包含，表现了二者的一致。任何利益的取得都要承担相应的责任，没有责任的利益是不存在的；责任中也包含着一定的利益，如果不包含任何利益，履行责任就没有了动力和基础。最后，利益和责任能够相互转化。利益在实现的过程中必然转化为责任，不尽责任，就没法也不能取得利益；而责任在履行的过程中也可能转化为利益，这是尽责任应得的报酬。图书馆管理者在管理实践中有两个基本任务：一是将个人的、小组的、部门的或整个图书馆的利益获得过程设计为履行各自职责的过程；二是，把履行职责的结果同个人、小组、部门或整个图书馆的利益结合起来。

（四）集权与分权

集权与分权是表征管理职权在管理空间中的分布状态和运动方向的范畴。

集权既指管理活动中的集中统一指挥，又指权力向上层逐步收缩的过程。从职权在管理空间中分布的状态来说，集权意味着主要的管理职权（如决策权、人事权、财政权、奖惩权等）集中于高层领导，特别是最高领导层，而中下层只有处理例行的日常事务和工作的权力，而且即使是这些权力的执行也必须处于上级的控制之下。从职权的运动方向来说，它意味着下级某些权力被缩小乃至取消，并向上级组织或专门机构集中，这种集权化的运动方向是由下向上逐步收敛的。

集权一般有两种途径：一是规定限制下级组织或非专门组织裁决问题范围的一般标准。即规定它们该管哪些事，不该管哪些事；哪些事可以自己做主，哪些事必须上报并由上级批准。二是撤销下级组织或专门组织的实际决策职能。这种方式在某些特殊情况下会采用。譬如，某图书馆的购书经费很充足，但藏书结构多年来一直不合理，于是由馆长或一名副馆长亲自指挥采访部的工作。

分权就是分散权力，即上级部门将某些问题的决策权移交给下级部门。从职权在管理空间中分布的状态来说，就是中下层各级管理人员拥有某些问题的决策权，高层领导只保留重大问题的决策权和在政策、目标、任务方面的必要控制权。从职权运动的方向来说，它意味着下级部门自主性和独立性的加强，许多职权从上级向下级分散，这种分权化的趋势是自上而下逐步发散的。

在图书馆管理活动中，集权与分权是辩证统一的。首先，集权和分权各有利弊，因此必须互相补充。在图书馆管理过程中，关键是要把握好集权和分权的度。过度集权，什么都管，不仅上级决策的正确性不能保证，还会扼杀下级工作的积极性和主动性；过度分权，什么事情都撒手不管，则可能使上级对下级失去控制。其次，集权与分权在一定条件下互相转化。这种转化一般有两种形式：一种是被动转化，即在过度集权或过度分权的管理模式阻碍图书馆各项业务活动发展的情况下，由过度集权向分权或由过度分权向集权转化。另一种是主动转化，即在问题出现之前就注意调整集权和分权的关系，在动态中把握二者变化的度，及时消除偶然出现的过度集权或分权现象。

（五）权威与服从

权威是指管理过程中使人信赖和服从的力量和威望。在图书馆管理过程中，权威是非常必要的。没有权威就不能有效地指挥和协调图书馆各项业务分工和协作中的复杂关系，图书馆管理活动就会陷入混乱。

服从是指管理过程中尊重并执行权威意见的行为。服从并不是盲从或屈从，为人们在管理活动中只能服从正确的意见，即服从真理，这是服从的实质。

在图书馆管理活动中，权威和服从的辩证关系表现为：其一，二者相互依存。权威以服从为自己存在的前提。没有服从就无所谓权威，强行建立起来的权威也形同虚设。同样，服从又以权威为自己存在的前提。没有权威人们不知道服从什么，权威如果不值得服从一方信赖，就会出现不服从。滥用权威造成的不是服从，而是屈从和盲从。不服从、盲从和屈从都不属于科学的服从范畴。其二，权威和服从在一定条件下相互转化。权威代表被人服从的一方，但是权威只有在符合群众正确意见的时候才能被人们服从。服从是权威的反面，但权威的正确意见正是来自服从的一方；权威的行使又必须体现服从一方即群众的意志。在这两种情况下，服从一方都是权威一方的真正权威。

（六）有序与无序

有序和无序是标志组织协调程度的矛盾范畴。有序是指管理系统的各个要素之间相互联系、相互作用和相互转化中有规则的、有秩序的状态和运动趋势；无序是指这种联系、作用和转化中无规则、无秩序的状态和运动趋势。

图书馆系统中的有序和无序标志着管理组织的协调程度，这种协调程度是管理主体有意识的自觉活动的结果。图书馆系统的各种要素并不能自发地形成具有管理功能的组织。要形成组织，就必须通过自觉的组织活动，把各种相互之间无规则、无秩序的要素（主要是人）在一个统一目标、统一行为规范和统一的结构形式中组合起来，这种组合也就是把各个要素由无序状态转变为具有一定规则和秩序的有序状态。有序是图书馆系统的一个本质特征。图书馆管理就是通过设立共同目标来协调馆员各不相同的无秩序的目标；通过明确的责、权、利的规定来协调各个部门和馆员之间不确定的相互作用方式；通过规章制度来协调馆员无规则的行为；通过管理工作来协调复杂多变的人际关系和不同的心理情感。这样，图书馆中各个部分之间就能够按照规范统一意志，按照共同目标统一方向，按照规章制度统一行动，整个图书馆呈现出有规则、有秩序的状态，这就是有序性。因此，图书馆就是通过有意识的主动管理行为，使无序的因素构成有序的系统。在这个意义上说，图书馆管理就是通过协调来达到有序结构的实践活动。

然而，在各种组织结构中无序也总是存在的，任何图书馆中都存在着一种反抗协调而自发趋向无规则、无秩序状态的力量。图书馆中的这种无序一般有两种表现形式：一是受控的无序状态。在统一的图书馆系统中，每个人都扮演不同的角色，有着自己的利益、目标和爱好，外部环境又总是给予一些随机性的干扰，这些是图书馆的协调活动中不可能消除的因素。同时，图书馆中存在分权和结构软化、简化的活动，不可避免地增强图书馆管理中各个部分的自主性、独立性、竞争性的运动趋势。这样，有序的结构中就必然会产生对原来确定位置的无规则、无秩序的偏离，形成一种无序的涨落。这种涨落一般总是在一定限度之内进行，有效的控制总是会把偏离度过大的因素重新拉回到合理的范围之内，使它不致形成失控状态。这种受控的无序状态是保持一个图书馆活力所必需的，也是一个图书馆系统必然存在的，是一种良性的无序。二是失控的无序状态。如果图书馆自身的组织结构不合理，管理者决策或指挥失误，或者外界环境急剧恶化，对图书馆造成的巨大冲击力，都有可能使图书馆的协调和控制失效，原来的组织目标、规章制度和职权结构失去了对各个因素相互作用的制约力，图书馆中无规则、无秩序的运动趋势大大加强，再也无法把这种涨落控制在合理的范围内，这就是失控的无序状态。这种无序，轻则造成效率低下，管理混乱，图书馆管理目标难以实现；重则致使整个图书馆分崩离析，管理完全失败。这种失控的无序是一种恶性的无序，对图书馆有极大的危害性，所以必须极力防止。

图书馆系统中的有序和无序还标志着管理活动程序化的程度，这种程序化是管理过程各种机制和职能有机联系和转化的结果。一个相对完整的管理过程是以决策为中心的，包含了计划、组织、领导、控制和评价等一系列职能和过程的统一体，这些职能和过程相互联系和转化，形成了图书馆管理活动的一定程序。这个程序规定了图书馆系统在达到目标的过程中所应该遵循的行为步骤和秩序，使管理活动的整个过程表现出一种在时间进程中的规则性和秩序性，这就是管理过程的有序化。一个有序的图书馆管理过程表现为各种管理活动，井井有条。当上一阶段尚未完成时，不轻易进行下一阶段的工作；而当条件具备时，又不失时机地把管理过程推进到新的阶段，做到管理过程间断性与连续性的辩证统一。在每一阶段中善于抓住重点，顾及全面，突破难关，带动其他环节；而当内外环境发生变化时，又能适时地转移工作的重心，使整个管理过程呈现出主次适宜、轻重得当，有节奏、有规律地向前推进，做到管理过程起伏性和前进性的辩证统一。这就是图书馆管理活动的程序化。

然而，图书馆管理活动又具有非程序化的一面，即存在着管理过程的无序。这种无序同样有两种情况：一种是由于外界环境和图书馆系统内部各种关系的随机变化，使原来固定的程序不得不被打破，出现错位、扰动甚至颠倒的情况。例如，在开始实施图书馆计划之后，发现计划与客观实际严重不符，或者客观情况已经发生了重大的变化，这就必须停止原计划的执行，重新返到修改或重新制订计划的阶段。这就是要求保持管理过程的良性无序，这种无序就是灵活性，是任何成功的图书馆管理活动所必须具有的性质。另一种管理过程的无序就大不一样。这种无序的根源是图书馆管理者主观思维与客观实际发生严重背离，它表现为原来制定的程序本身严重失误，与实际情况的变化根本不相适应；或者是图书馆管理者在执行程序时，严重失职，完全不顾眼前现实的管理情境。这种无序会造成整个管理程序被打乱，管理活动严重失控，使图书馆处于一种被动应付、穷于招架、目标不清、方寸大乱的境地，从而导致图书馆管理失败。

图书馆管理的有序和无序还有另外两种形态：一种标示管理组织的协调程度，即组织结构的有序性；一种标示管理活动程序化程度，即管理过程的有序性。前者是空间结构规则性和秩序性的反映，后者是时间结构规则性和秩序性的反映。也可以说，有序和无序是图书馆系统在时空结构中的规则性和秩序性程度的综合反映。

(七) 稳定与改革

稳定和改革是图书馆系统在其发展历史中的两种不同的状态和趋势。稳定是指图书馆系统在其发展过程中的总体状态和趋势保持不变，即处于相对静止的状态；改革是指图书馆系统的总体状态和趋势发生重大变化，即处于显著变动的状况。

图书馆管理的一切要素、一切过程都具有稳定性，否则，图书馆管理活动就无法正常进行，研究者也无法对管理要素和过程进行研究。但是，图书馆管理活动的相对静止和相对稳定是有条件的、暂时的。首先，当我们说某些管理要素处于稳定状态时，只是相对于一定的管理系统和时间、地点而言。在某一特定的图书馆系统中，管理者和被管理者的划分是稳定的，但离开这个特定的系统，进入其他管理系统，情况就会发生变化。其次，稳定包含管理活动中的量变。当图书馆管理过程的某一阶段、某一种管理模式或体制仍然保持着它们自身的性质、没有发生质变的情况下，我们就认为它们是相对稳定的。但与此同时，它们在性质不变的情况下还发生着其他变化。例如，计划过程在没有向组织过程发生飞跃前，内部发生着由初选目标向预测、预算、决定方案的量变，这并没有改变计划过程的性质，我们就说它是稳定的。某一管理模式中的内部矛盾还未尖锐到刺破这种体制的外壳，我们就说这种管理模式是相对稳定的。

改革是图书馆管理活动中的质变，确切地说是指一种管理模式或管理体制向另一种管理模式或管理体制的飞跃。改革是由图书馆内在矛盾推动的自我否定和自我发展的过程。一方面，它是旧的管理模式向新的管理模式的质变，是管理旧过程连续性的中断，体现了图书馆管理活动发展的阶段性。另一方面，它继续保留并改造了旧的管理活动的积极成果，作为新管理过程存在和发展的基础，因而把新旧管理过程联系起来，体现了图书馆管理过程发展的连续性。

图书馆管理中的稳定和改革是辩证统一的。首先，稳定和改革相互包含、相互渗透。在图书馆管理模式全面质变发生之前，图书馆管理活动虽然处于相对稳定的状态，但局部改革是常常存在的。任何一个具体的图书馆管理过程都经历过改革。例如，控制过程对组织过程来说就是改革组织管理，控制过程对计划过程的反馈也是改革。改革是动态管理的基本特征，而一切管理本质上都是动态管理。所以，稳定中有改革的因素。另外，改革中也有稳定的因素。改革不是一阵风、一股浪，它是一个持续稳定的过程。改革要有一定的步骤，改革中推行的政策、组织体制、管理方法等需要一定的稳定度，以便观察、评价和控制，并在改革过程中巩固自己的成果。其次，稳定和改革具有相互转化的趋势。管理模式的相对静止、管理过程的量变使整个图书馆管理活动在一定时期呈现出稳定状态，似乎一切都在按部就班地正常运转。其实不然，这背后隐藏着各种矛盾。当这些矛盾尖锐到不冲破旧的管理体制其管理活动就会严重阻碍各项业务活动发展时，全面的改革就不可避免了。当通过改革建立起新的管理体制后，这种管理体制下的管理活动基本上是适合各项业务活动发展需要的，这时就需要以保持管理体制的稳定来巩固改革成果。总之，"稳定—改革—稳定"是管理体制发展的实际过程，这个过程的不断推进就是图书馆管理活动的进化和升级。

综上，图书馆管理的范畴是图书馆管理活动中个人与组织、组织与环境这两个基本问题的具体内容，作为矛盾统一体的每一对范畴在现实的图书馆管理活动中并不是孤立存在的，而是紧密联系并和图书馆管理活动规律相互结合综合地发挥作用。当我们用这些范畴去分析现实的图书馆管理活动及其矛盾时，应该注意这些范畴之间的相互联系和相互转化，注意它们在反映图书馆管理的本质和规律中的普遍性和特殊性，注意它们与图书馆管理现实活动及蓬勃发展的图书馆管理学的有机结合。

二、图书馆管理的职能

图书馆管理的职能主要有下列五项，即计划、组织、领导、控制和评价。

计划是指对未来的行动以及未来资源供给与使用的筹划。计划指导着一个图书馆系统循序渐进地去实现其目标，计划的目的就是要使图书馆适应变化中的信息环境，并使图书馆占据更有利的信息环境地位，甚至进入一个完全不同的信息环境。计划在图书馆中可以成为一种体系并有其内在的层级，如战略计划是最高层次的、总的长远计划，职能计划与部门工作计划则是中层的操作性较强的计划，而下级的工作计划则为近期的具体计划。从计划的定义、目标及其功能来看，计划无非是一种降低图书馆在资源配置过程中的不确定性的一种手段。事实上，无论是战略计划还是职能部门计划，对未来行为的筹划就是希望通过事先的安排有准备地迎接未来，或按照设定的目标循序渐进地工作，从而减少未来不确定性对图书馆的冲击，减少未来工作过程本身可能产生的不确定性。计划职能涉及如下因素：①有助于达到目标的政策；②管理人员将要实施的项目；③管理人员将会采用的过程；④管理人员必须按时完成的时刻表；⑤将会涉及的预算方面的因素。

组织是管理者建立一个工作关系构架，使图书馆成员得以共同工作实现图书馆目标的过程。组织的结果是产生组织结构，即一种正式的任务系统和汇报关系系统。通过这种系统，管理者能够协调和激励图书馆成员努力实现图书馆的目标。组织结构决定了图书馆能在多大程度上很好地利用其资源创造信息产品和提供信息服务。组织职能包含的要素如下：①将图书馆各项业务活动进行合理组织，使之具有一定功能和位置；②为了有效地发挥其职能，管理人员必须进行一定的授权；③管理人员必须在其下级之间建立关联，使这些下级能够相互提供完成工作所必需的信息；④管理人员必须仔细检查自己所在部门与其他部门之间的关系及其对图书馆经营运作的影响。

领导有两重含义：其一是领导现象，指人群中存在的追随关系，其本质是影响力；其二是领导行为，指群体中的某些成员为了促使领导现象的出现或加强而实施的各种行为。在领导过程中，管理者要向员工描述一个清晰的愿景，调动图书馆成员的积极性，使他们理解他们在实现图书馆目标过程中所起的作用。管理者利用权力、影响、愿景、说服力和沟通等技能来协调个体或全体的行为，使他们的能力能够得到充分展现和发挥。领导所产生的效果就是图书馆成员所表现出来的高度积极性和对图书馆的承诺。领导涉及四个方面的功能：①及时根据外界环境的变化，指示图书馆内所有人与资源配合去适应环境并采取适当的行为；②调动图书馆内成员的积极性，激励他们奋发努力，给他们创造发展的机会；③有效地协调图书馆内的人际关系，使图书馆内有一个良好的工作氛围，从而降低内耗；④督促图书馆内成员尽自己的努力按照既定的目标与计划做好自己专职范围的工作。

控制是指根据既定目标不断跟踪和修正所采取的行为，使之朝着既定目标方向运作并实现预想的结果或业绩。由于现实行为往往会受各种不确定性因素的影响，故每一行为都有可能偏离预定要求，从而可能使既定目标或业绩难以达成，显然这是图书馆所不愿看到的。为了防范这种状况的产生，控制就非常必要。通过实施控制这一职能，管理人员能够做到在图书馆偏离目标太远之前就将其纳入正确的轨道之内。控制职能包括以下内容：①将实际效果与预测进行对比；②将已获得的结果与目标要求、项目要求和计划要求进行对比；③将实际成本与预算成本进行对比。

评价是指图书馆管理实施过程结束之后，根据管理的成效，对图书馆管理过程的各项活动进行全面的检查、比较、分析、论证和总结，从中得出规律性的启迪，以达到不断提高管理水平、取得更好的管理效益、实现管理良性循环的一项管理活动。图书馆管理过程结束之后，需要对其所获得的管理成绩和效果进行相应的评价，从中汲取经验和教训，为下一轮的管理循环提供依据，打好基础，以便不断提高图书馆管理工作的水平。因此，评价既是图书馆管理过程的归宿，又是图书馆管理过程的出发点。它对于加强图书馆管理工作，提高图书馆管理水平有着至关重要的作用。

第三节 图书馆管理的原理

原理是指某种客观事物的实质及其运动的基本规律。图书馆管理原理是对图书馆管理工作的实质内容进行科学分析总结后而形成的，是对图书馆各项管理制度和管理方法的高度综合与概括，因而对一切图书馆管理活动具有普遍的指导意义。

一、图书馆管理的系统原理

任何社会组织都是由人、财、物和信息组成的系统，任何管理都是对系统的管理。系统原理不仅为认识图书馆管理的本质提供了新的视角，而且它所提供的观点和方法广泛渗透到人本原理、能级原理、动力原理和效益原理之中，在图书馆管理原理的有机体系中起着统率作用。

（一）系统原理所蕴含的几对基本概念

1. 系统与要素

系统论的创立者贝塔朗菲把系统界定为"处于一定的相互关系中并与环境发生联系的各组成部分（要素）的总体（集合）"。

钱学森认为："系统是由相互作用和相互依赖的若干组成部分结合成的具有特定功能的有机整体。"

从系统的定义可以看出，一个具体的系统要具备三个条件：一是系统必须由两个以上的要素（元素、部分或环节）组成；二是要素与要素、要素与整体、整体与环境之间存在着相互作用和相互联系；三是系统整体具有确定的功能。这三个条件缺一不可，否则就不能构成一个具体的系统。

要素始终是和系统不可分割地对应着的。要素是构成系统的必要因素，即组成系统的各个部分或成分，是系统最基本的单位，因而也是系统存在的基础和实际载体。要素在系统中的情况一般可分为三种：①不同数量和不同性质的要素可构成不同的系统；②相同数量和相同性质的要素仅由于结构方式的不同，也可构成不同的系统；③相同性质的要素仅由于数量的不同，也可构成不同的系统。

系统和要素是对立统一的关系。首先，系统通过整体作用支配和控制要素。其次，要素通过相互作用决定系统的特性和功能。最后，系统和要素在一定条件下相互转化。

2. 结构与功能

所谓结构，是指系统内部各组成要素之间的相互联系、相互作用的方式或秩序，也就是各要素之间在时间或空间上排列和组合的具体形式。贝塔朗菲把结构称为系统的"部分的秩序"。

所谓功能，是指系统与外部环境相互联系和作用过程的秩序和能力。系统功能体现了一个系统与外部环境之间物质、能量和信息之间的输入与输出的变换关系。

结构与功能之间的关系主要表现为如下几种情况：首先，由不同要素组成的不同结构的系统具有不同的功能；其次，由相同要素组成的不同结构的系统也具有不同的功能；再次，组成系统的要素和结构不同，可以具有相同的功能；最后，同一结构的系统可以具有多种功能。总之，客观世界的复杂性和无限性，致使系统的结构和功能的关系多样且变化无穷，并在一定条件下可以互相转化。

3. 环境与行为

所谓环境，是指系统存在的外部条件，也就是系统以外对该系统有影响、有作用的诸因素的集合。在一个大系统中，对于某一特定的子系统来说，其他的子系统可以看成它的环境。环境实际上是同某一特定的系统相关的其他系统（或事物）的统称。

所谓行为，是指系统对环境的影响和作用的反应，即在系统与环境的相互作用中，在环境对系统施加影响和作用以后，系统对环境产生反作用。

系统行为是由系统环境和系统内部状态两个因素引起的。其中，环境是产生系统行为的诱因或外部条件；系统内部状态是系统行为的根据或决定因素。系统行为归根结底取决于系统的内部状态，而系统的内部状态又取决于系统结构的优化程度。可见，系统行为实际上是系统的外部状态，即系统本质的外部表现。因此，在一定环境下，可以通过改变系统的内部状态来调节或改变系统的行为；也可以通过系统行为的研究来考察一个系统的内部状态，即系统要素及其结构方式。需要注意的是，系统行为和系统功能是两个相近但又不完全相同的概念。系统功能虽然也是在系统与环境的相互作用中表现出来的，但它只是着重描述在系统与环境的相互作用中，系统对外部环境施加影响和作用的能力；系统行为则不然，它着重描述在系统与环境的相互作用中，系统自身的外部活动状态以及状态变化过程。因而不能把系统行为和系统功能混为一谈。

（二）系统原理的内容

系统原理是有关系统的基本属性、共同特征和一般规律的理论概括，主要体现在系统与要素、要素与要素、结构与功能以及系统与环境、系统与时间等关系上。

1. 系统整体性原理

系统整体性是指系统诸要素相互联系的统一性。整体性是系统最本质的属性，因而"整体"和"系统"这两个概念经常被同义使用。在这个意义上，美籍哲学家贝塔朗菲（Bertalanffy）指出："一般系统论是对'整体'和'完整性'的科学探索。"因此，整体性原理是系统原理的一个最基本的组成部分。

系统的整体性根源于系统的有机性和系统的组合效应。系统整体性原理的基本内容有：①要素和系统不可分割；②系统整体的功能不等于各组成部分的功能之和；③系统整体具有不同于各组成部分的新功能。

系统整体性原理对图书馆管理工作具有重要的指导意义：①根据图书馆管理目标，把管理要素组合成为一个有机的系统。图书馆管理的目的就在于把图书馆中诸要素的功能统一起来，从总体上予以放大。从这个意义上说，图书馆管理是一门把图书馆中的各种要素或各个部分协调起来，使之达到某种组织目标的学问。②把不断提高要素的功能作为改善图书馆系统整体功能的基础。由于组成图书馆系统的要素是决定其整体功能状况的最基本的条件，因此改善图书馆系统的整体功能一般应从提高其组成要素的基本素质入手。图书馆系统作为一个整体，一般由采访、分编、典藏、流通等部门或环节组成。任何一个部门或环节的功能素质不健全或相对较弱，都会在一定程度上影响图书馆的整体效应。因此，必须按照图书馆整体目标的要求，不断提高各个部门特别是关键部门或薄弱部门的功能素质，并强调局部服从整体、保证整体，以保证图书馆系统最佳的整体功能。③保持图书馆系统要素的合理组合。系统整体性原理告诉我们，整体功能不守恒的实质在于结构是否合理。因此，改善和提高图书馆系统的整体功能，不仅要注重发挥每个要素的功能，更重要的是调整要素的组织形式，建立合理的结构，从而使图书馆系统整体功能得到优化。

2. 动态相关性原理

任何系统都处在不断地发展变化之中，系统状态是时间的函数，这就是系统的动态性。系统的动态性取决于系统的相关性。系统的相关性是指系统的要素之间、要素与系统整体之间、系统与环境之间的有机关联性。它们之间相互制约、相互影响、相互作用，存在着不可分割的有机联系。正是由于系统内部诸要素之间、要素与系统整体之间、系统与环境之间的相互作用和相互联系，才构成了系统发展变化的根据和条件。动态相关性原理的实质是揭示要素、系统和环境三者之间的关系及其对系统状态的影响。

动态相关性原理的基本内容有：①系统内部要素和要素之间的相关性；②要素与系统整体的相关性；③系统与环境的相关性。

从上述内容可以看出，动态相关性原理和系统整体性原理是紧密联系的。整体性原理是系统思想的核心，动态相关性原理则是整体性原理的延续和具体化。

动态相关性原理对实际的图书馆管理工作具有重要的指导意义：①任何一个要素在图书馆系统中的存在和有效运行都与其他要素相关。图书馆系统中某个要素发生变化，就会引起其他相关要素的相应变化。例如：图书馆藏书规模的扩大，必然要求增加工作人员和书库空间；图书馆新馆舍的建成，必然要求对工作人员、藏书、设备等要素重新进行布局；一位新馆长的上任，必然会引起图书馆系统内一系列要素的变化；图书馆自动化系统的应用，必定要求对馆员进行培训；图书馆经费的缩减，必定会影响设备的更新与维护、工作人员的福利待遇、藏书建设水平等方面。因此，在图书馆管理实践中，当我们想要改变某些不合要求的要素时，必须注意考察与之相关要素的影响，使这些相关要素得以相应地变化。图书馆系统中各要素发展变化的同步性可以使各要素之间相互匹配，从而增强协同效应以提高图书馆系统的整体功能。②图书馆系统内部诸要素之间的相关性不是静态的，而是动态的。要素之间的相关作用是随时间而变化的，由此决定了系统整体的性质和状态也是不断发展变化的。因此，必须把图书馆系统视为动态系统，在动态中认识和把握其整体性，在动态中协调各部分或部分与整体的关系。图书馆管理的过程，实质就是把握藏书、馆员、读者、经费、设备等要素的运动变化特点，然后有针对性地进行调节和控制，最终实现图书馆管理的最佳目标。图书馆系统的整体功能存在于图书馆与环境的相关性之中。如果说要素之间的相关性形成系统的结构联系，使系统成为具有一定结构的整体，那么系统与环境的相关性则形成系统的功能联系，使系统具有某种整体功能。系统一定的整体功能，表明系统与环境必须按照一定的规律进行物质、能量和信息的交换，才能保持系统整体的性质，产生一定的整体效应。如果系统与环境的输入和输出关系遭到破坏，系统整体的性质和整体效应就会受到影响以致丧失。因此，一定要在图书馆系统和环境的相互联系和相互作用中认识和改善图书馆系统。

3. 层次等级性原理

一个系统的组成要素是由低一级要素组成的子系统，而系统本身又是高一级系统的组成要素。这种系统要素的等级划分，就是系统的层次等级性。

层次等级性原理的基本内容有：①层次等级结构是物质普遍存在的方式；②处于不同层次等级的系统具有不同的结构，亦具有不同的功能；③不同层次等级的系统之间相互联系、相互制约，处于辩证统一之中。

系统层次等级性原理对图书馆管理工作具有重要的指导意义：首先，系统层次等级性原理可以指导人们合理设置图书馆管理层次。管理组织系统划分层次等级的主要原因在于管理对象的复杂性与管理者个人能力的有限性之间的矛盾。尽管今天的管理者较以往的管理者在能力和手段上普遍有了提高，但今天的管理对象要比以往复杂得多。管理对象的复杂化，使管理组织系统的规模日益增加。对于规模较大的图书馆系统来说，合理划分管理层次，建立等级结构，可以削弱系统规模和对象复杂性之间的联系，缓解管理对象复杂性和管理者能力之间的矛盾。这是因为，把一个较大的管理组织系统划分为不同的层次等级，按照层次等级进行分级管理，可以使处在不同层次的管理者所直接联系的人数（包括上级和下级）大体相当，从而使他们的管理能力和管理对象相适应。其次，系统层次等级性原理可以指导人们科学地分解图书馆目标。图书馆系统的层次等级是科学分解目标的组织基础。一个图书馆系统总是要根据自身的基本任务、上级的指令、当前的状况、发展的需要和各种内外条件来确定系统的总体目标，然后按照图书馆系统的层次等级将总目标分解为不同层次、不同部门的分目标。分目标要保证总目标，总目标指导分目标，从而形成前后衔接、上下贯通的目标体系。这样建立起来的目标体系，在组织上能使目标由上而下层层落实，由下而上层层负责；在内容上既能明确本级系统的基本任务，又能反映分目标和总目标的关系，便于处理局部和整体的矛盾。在明确每一管理层次、每个部门以至每个人的责任基础上，授予相应的权力，进而建立起目标责权体系，使整个图书馆管理工作走上系统管理的轨道。最后，图书馆系统中的每一层级所处的地位不同，因而性质和功能也不同。每一个管理者都有自己相应的管理层次，处于不同层次的管理者各有不同的目标责任和要求。一般来说，同一层次各子系统的横向联系应由它们之间全权处理，只有在出现不协调或发生矛盾时才提交上一层次的系统来解决。上一层次系统的任务有两个：一是根据本系统的目标向下一层次发出指令，并检查监督指令执行的结果；二是解决下一层次中各子系统之间的不协调或相互之间的矛盾。当每一层次的任务明确以后，各层次的分系统均须围绕着本层次的中心任务开展工作并通力协作，上一层次一般不宜干预下一层次的工作，这样就形成有序的层级管理。

4. 系统有序性原理

系统的有序性是指构成系统的诸要素通过相互作用，在时间和空间上按一定秩序组合和排列，由此而形成一定的结构，决定系统的特定功能。系统的有序性标志着系统的结构实现系统功能的程度。因此，系统有序性原理的实质在于揭示系统的结构和功能的关系。

系统有序性原理的基本内容有：①任何系统都有特定的结构。结构合理，系统的有序度高，功能就好；反之，结构不合理，系统的有序度低，功能就差。②系统由低级结构转变为较高级结构，即趋向有序；反之，系统由高级结构转变为较低级结构，即趋向无序。③任何系统必须保持开放性，才能使系统产生并且维持有序结构。

系统有序性原理对图书馆管理工作的指导意义表现在：第一，掌握系统有序性原理，有助于深入理解图书馆系统对外开放和对内搞活政策。任何图书馆系统都应该是一种具有活力的耗散结构系统。耗散结构系统的存在和发展必须具备两个条件：一是对外开放，二是内部要有活力。只有对外保持图书馆系统的开放性，才能从外部环境中吸收负熵流，以抵消内部的熵增，使图书馆系统处于非平衡态或远离平衡态，即造成图书馆系统向有序发展的外部条件。对内要有活力，就是要保持图书馆系统内部的非平衡态。这是因为，一个图书馆系统如果处于无差异的平衡状态，就意味着其内部不存在势能差。根据耗散结构理论，无势能差的平衡系统服从势能最小原则，因而必然是一个低功能系统。图书馆管理体制改革之所以要打破"平均主义",引进竞争机制,目的就是设法增大图书馆系统内部的势能差,形成非平衡态。第二,掌握系统有序性原理,有助于提高图书馆管理的有序度。要提高图书馆管理的有序度,必须科学地安排图书馆系统诸要素的秩序,使之协调匹配,以减少内耗而求得统一的整体功能。为此,主要应使以下三个方面有序:首先是目标体系有序;其次是目标实施过程有序;最后是组织系统有序。

二、图书馆管理的动力原理

在图书馆管理系统中,确立了以人为本的观念,对人也划分了能级,这是否就意味着图书馆管理活动一定会一帆风顺呢?未必。因为人缺少了动力就不可能充分发挥其潜能,更不可能积极主动地去为实现图书馆的目标而奋斗。因此,动力原理也就应运而生。

(一)动力原理的基本含义

动力的管理学含义是指推动管理活动向特定方向运动的力量。其意义和作用不仅在于使管理活动,而且在于使其非如此运动不可。

管理动力具有如下特征:①它不仅有大小、方向,而且有直接作用的目标;②它不仅是一种力量,而且还是一种强有力的制约因素,促使管理组织按特定方式、以特定速度和规模向特定方向运动;③它是形成管理组织有序运动的主要原因,是维持管理组织存在、发展和完善的必要前提。

现代管理强调,管理活动必须有强大的动力,尤其要求管理者要最优地组合、正确地运用管理动力,从而使管理能持续有效地进行下去,并趋向管理组织整体功能优化。这就是管理动力原理的基本含义。

(二)管理动力的基本形态

我们认为,激发图书馆系统的高效能,推动图书馆管理行为高速做功并趋向图书馆整体目标,最基本的动力是物质动力、精神动力和信息动力。

1. 物质动力

图书馆管理的物质动力,是指通过一定的物质手段,推动图书馆管理活动向特定方向——最有效地满足读者的知识信息需求运动的力量。对物质利益追求而勃发出来的力量支配人们一切活动,从最初到最后,因而,对图书馆人员的物质激励是开发人员要素功能促其加速做功的最原始、最基本和最重要的手段。实践证明,忽视对图书馆系统个体要素的物质激励,否认个体要素合理而正当的利益追求,搞绝对平均主义、吃"大锅饭",是导致许多图书馆管理活动失败的主要原因之一。

2. 精神动力

它既包括世界观、人生观和价值观，也包括精神鼓励（如奖状、信任、关心、先进称号等），还包括日常的思想工作。

精神动力作为一种推动图书馆管理活动趋向优化目标的重要力量，已被越来越多的人所认识。这是因为，作为推动图书馆管理活动的精神力量，一方面它依赖于物质力量，并以物质动力作为其存在和发挥作用的前提；另一方面，若精神动力的质量好、目标取向正确而又发挥得当的话，则会对物质动力产生巨大的反作用。它不仅能大大地影响并制约物质动力的方向，决定物质动力发挥的速度、范围、持久性等，而且一旦它转化成每个人员要素的内心信念，就会对个体要素的行为产生深远而持久的影响。所有这些都是精神动力的独特作用之所在。值得一提的是，日常思想工作也是精神动力的一项重要内容。对图书馆管理活动而言，更要引起高度重视。

3. 信息动力

图书馆管理的本质，从某种意义上讲，就是一个信息输入、存储、加工和输出的活动过程。信息作为动力，同其他动力一样，从特定的角度、以特定的方式推动着图书馆管理活动趋向特定的目标。信息量在迅速增加，而科学知识的老化周期则日益缩短。这种信息——知识的反向运动及其趋势对图书馆管理提出了特殊的要求。一个图书馆系统，为了维持自身的存在和发展，不仅要积极主动地输入、处理和输出各种信息，而且应不断地加大有效信息的输入和输出功率，这样才能立足于先进管理之列。图书馆的生存前提，既取决于它的信息加工能力和信息更新周期，也取决于它在向外部环境提供信息质量和数量的基础上所获得的用户市场。当然，在图书馆管理活动中，我们既要正确区分有益信息、无益信息和有害信息，又要注意保持信息量的度。

（三）管理动力的正确运用

1. 管理动力的协调机制

由于图书馆管理的物质动力、精神动力和信息动力各自具有相对独立性，因此如何有机地组合、协调地运用这三类动力，就成为图书馆管理学需要研究的重大问题。

一般来说，管理行为在趋向系统整体目标的过程中，物质动力是其基础和前提，精神动力是其核心和灵魂，信息动力则是其必不可少的调节杠杆。三类动力各有自己的功用和意义，不可偏废。在不同的图书馆系统中，三类动力的地位和作用存在着各种各样的差异。即使在同一图书馆系统内，三类动力的地位和作用也不仅会随着时间、地点和条件的变化而变化，而且在不同结构、层次之间存在着区别。图书馆管理的任务之一，就是要及时洞察其变化，把握其差异，采取既合乎实际又行之有效的措施，促使这三类动力相辅相成，发挥综合效力。

图书馆管理在动力组合问题上，既反对个体要素动力的盲目发挥，又反对整体独断动力模式，而是追求图书馆系统要素动力的合理组合。图书馆管理实践证明，一种比较理想的管理动力模式一般遵循"四边形法则"，即使个体要素的动力在整体目标方向基本一致的前提下，充分自由地发展。这样综合作用的效果，其整体向量当然不是最理想的，却是最稳定可靠的、最现实合理的管理动力综合。这是图书馆管理要求建构的动力结构，即满意型管理动力模式。

图书馆管理中还存在正确认识和处理眼前动力同长远动力的关系问题。通常情况下，图书馆系统内部个体要素的动力主要表现为眼前动力，这是由个体要素的性质、任务、目标以及自身利益所决定的；而图书馆系统的整体动力则主要表现为长远动力。然而，这种区分是相对的。事实上，个体动力中也有长远动力，整体动力中也有眼前动力。它们之间是"标"与"本"的关系，并具有交叉效应。图书馆管理应按照"急则治标，缓则治本"的原则，正确地认识和处理眼前动力和长远动力的辩证关系。

2. 管理动力刺激量的科学运用

根据控制论，我们可以通过一定的外部刺激来获得图书馆系统的动力。即当图书馆系统及其要素的行为得到改善时，就予以鼓励加强，这就是正刺激；反之，就予以惩罚、限制，这就是负刺激。从一定意义上讲，图书馆系统动力结构的优劣主要取决于正负刺激量的正确运用和比例是否恰当。刺激量不当，就不能有效地贯彻管理动力原则，不能发挥出图书馆系统及其要素的最佳动力。因此，图书馆管理者必须注意：①管理刺激应以实现目标为准；②注意刺激的时效性；③少用甚至不用定期刺激；④少用甚至不用固定刺激；⑤刺激应随人员要素不同而采取不同手段；⑥奖惩分明，奖惩结合，以奖为主。

三、图书馆管理的效益原理

效益是管理的永恒主题。任何组织的管理都是为了获得某种效益。效益的高低直接影响着组织的生存和发展，图书馆管理自然也不例外。

（一）图书馆管理的效能、效率和效益

图书馆管理的效能是指图书馆管理系统所具备的实现目标的有效做功本领或有效行为能力，它直接取决于图书馆管理系统的目标是否明确、结构是否合理，以及图书馆馆员的积极性发挥得是否充分。

图书馆管理效率包括两层意思：一是指图书馆管理行为趋向系统目标的速度，即单位

时间内图书馆管理系统所完成的工作量；二是指图书馆管理系统完成单位工作量所需消耗的劳动量（包括知识和物化劳动等）。

图书馆管理效益是指图书馆管理系统为一定的目标，以一定的效率发挥其效能的结果或效果。

一方面，从动态过程看，图书馆管理效益是管理目标行为有效做功的结果，它表现为管理效能、效率和系统目标的函数。可用下式表示：

管理效益 = f（系统目标，管理效能，管理效率）

这表明：①图书馆管理系统的整体目标是管理效能和效率趋向管理效益的一个重要干涉变量。即使在管理效能大、效率高的情况下，如果管理的目标不明确或无目标，管理效益就低下或无管理效益可言；如果管理系统目标错了，则管理结果就是负效益，且效能越大、效率越高，系统整体的负效益也就越大。②由于目标变量可主要视其优化程度而在0~1取值，因此，当图书馆管理系统的目标确定后，目标就转化为一个常量。③一个系统的效能主要取决于它的结构。一个图书馆管理系统在特定的时空内其结构是相对稳定的，因此，其效能也可视为一个常量。这时，上式可化为：效益 = f（效率），即效益直接取决于效率，并是它的函数。

另一方面，从静态结果看，图书馆管理效益又主要由经济效益和社会效益构成。我们把图书馆管理系统所表现出来的内在价值称为经济效益，把图书馆管理系统对读者的价值称为社会效益。经济效益与社会效益既有联系，又有区别。追求社会效益可以成为提高经济效益的重要条件。两者的区别主要表现在：经济效益较社会效益更为直接和显而易见，经济效益可以运用若干个经济指标来计算和考核，而社会效益则难以计量，必须借助其他形式来间接考核。图书馆管理活动在处理经济效益与社会效益的关系上，应该是统筹兼顾，最大限度地追求经济效益和社会效益的同步增长。既反对单纯追求经济效益而不顾社会效益的倾向，也反对片面讲求社会效益而不讲经济效益的做法。当经济效益与社会效益发生矛盾时，应当从全局出发协调两者的关系，但基本的原则是要让经济效益服从和服务于社会效益。

（二）图书馆管理效益的根据

1. 生产方式

从根本上来看，图书馆管理效益是由生产方式决定的。一个社会的生产方式是这个社会劳动者与劳动资料的结合方式，它既是人与自然之间发生物质变换的方式，也是人与人之间的物质交往方式。在这两个方面都伴随着管理活动。在某种意义上，图书馆管理活动是生产方式的外在表现，有什么样的生产方式就必然会有什么样的管理活动。所以，生产方式既决定着图书馆管理的性质，也决定着图书馆管理的方式。

2. 管理者

管理者是管理主体，在图书馆管理活动中居支配地位，起核心作用。管理者的思想观念、行为方式对图书馆管理效益的影响是十分明显的。这是因为，管理者的思想观念在管理活动中往往表现为管理的指导思想，这种指导思想又会支配管理行动，使其表现出特定的管理行为方式。管理者的思想、观念、行为方式对图书馆管理效益的影响，是通过对图书馆管理活动的计划、组织、领导、控制和评价等职能和环节实现的。

3. 管理对象

图书馆管理对象是由人、财、物、信息资源等要素组成的一个有机体系，其中，人是最重要的。尽管财、物、信息资源等要素的组合对提高图书馆管理效益具有不可忽视的作用，但这种作用只有通过人的活动才能实现。人的素质水平、工作责任心、主观能动性发挥的程度，往往决定着其他管理对象作用发挥的程度。

4. 管理环境

图书馆管理效益是通过有效的管理活动实现的，而管理活动又是在外部客观环境的影响下进行的，因此，管理环境也是影响管理效益的一个重要因素。影响图书馆管理效益的环境因素包括政治环境、经济环境、科学技术环境和社会心理环境。政治环境是指一个国家的政治形势、法律制度、路线方针政策，以及国际局势；经济环境是指图书馆系统之外的经济发展状况，如市场、投资、银行信贷、税收、物价等，这些因素通过价值规律等方面的作用影响图书馆管理的效益；科学技术环境是指图书馆系统外部科学技术（尤其是信息技术）的发展状况，它通过影响劳动生产率来影响图书馆管理的效益；社会心理环境是指图书馆系统外部的各种社会心理现象，主要包括社会态度、社会期望、社会舆论、消费心理、从众心理等，它们通过对图书馆的精神文化、人际关系以及图书馆馆员的心理影响图书馆管理效益。

弄清影响图书馆管理效益的因素对于提升图书馆管理效益具有重要意义：首先，可以使管理者提高认识，在图书馆管理活动中注重运用科学的管理方法和民主的管理手段，自觉地提高管理水平。其次，可以使管理者认识到人的因素对管理的影响，注重调动人的积极性，提高人的素质，协调人们之间的关系，使人与物的结合方式达到最佳的优化状态。最后，可以使管理者树立开放的管理观念，不是把眼光局限于自己的管理范围之内，而是在更广阔的视野中看待自己的管理范围，认识环境因素对图书馆管理活动的影响，自觉地利用一切有利的影响，避免不利的影响，从而大大提高图书馆管理效益。

第二章

图书馆全面质量管理

第一节 质量管理理论与图书馆建设

一、质量和质量管理

（一）质量的概念

在日常社会生活中，质量和质量管理都十分重要。人们平常说的质量涉及范围广泛，经常提及的有产品质量、工作质量、服务质量等一系列质量问题。这种意义下的质量一般情况下是人们源于质量的实践活动，具体指的是物品或工作的好坏，是否满足人们的需求，使人们满意。在经济学中，认为质量是指物品的有用性、适用性，也就是指商品的使用价值。而工程师认为的质量指的是产品的性能和技术，包括产品及其生产过程的特性、特征以及有关各项量化指标。在管理学中，人们充分吸收了日常生活中的百姓观点、经济学家和工程人员对质量的认识，认为质量包括三方面的含义：性能、适用性和满意程度。其中性能是指天然固有的特性，适用性是指客观性相对于人类主观需要的适用程度，满意程度是指在最终结果方面对要求的满足程度。

按照目前比较通用的 ISO9000—2000 的定义，质量是一组固有特性满足要求的程度。对于这个定义可以从以下几个方面来理解：

第一，"要求"。它指的是明示的、通常隐含的或必须履行的需求或期望。其中明示的要求涵盖技术要求、市场要求和社会要求。这种"要求"应以文件的形式明确并加以规定。隐含的需求或期望则包括两种含义：一方面是顾客和其他相关方在现有条件下的合理需求或期望，另一方面这种需求或期望是人们公认的、不言而喻的、无须明确规定的，如惯例和一般做法。此外，要求中还应包括必须履行的要求，即法律、法规规定的有关健康、安全、环境、能源、自然资源、社会保障等方面的要求。

第二,"特性"。定义中特性是指事物所特有的性质。固有特性是事物本来就有的,它是通过产品、过程或体系设计和开发及其之后过程形成的属性。例如,物质特性、感官特性、行为特性、时间特性、人体功效特性、功能特性等。这些固有特性的要求大多是可测量的。

第三,"满足要求的程度"。它是应满足明示的(如明确规定的),通常隐含的(如组织的惯例、一般习惯)或必须履行的(如法律法规、行业规则)需要和期望。只有全面满足这些要求,才能评定为好的质量或优秀的质量。

(二)质量管理的含义

从对质量的概念的认识来看,人们对质量的认识是随着生产、科技、文化和其他社会活动的不断进步而逐渐深化的。对质量的认识越深,人们就越重视质量管理。其实质量管理只是管理的一个方面,必然具有管理的普遍性,但由于质量管理是在质量方面的一种有组织、有计划、有目的的管理活动,所以质量管理又具有一定的特殊性。因此,质量管理指的就是为了实现质量目标,而进行的所有管理性质的活动,具体包括:

第一,质量方针(Quality Policy)。质量方针由组织的最高管理者正式发布的该组织总的质量宗旨和方向。它是企业经营总方针的组成部分,是管理者对质量的指导思想和承诺。其基本要求应包括供方的组织目标和顾客的期望和需求,也是供方质量的行为准则。

第二,质量目标(Quality Objective)。质量目标是"在质量方面所追求的目的",是企业行为的理论依据,对产品质量、运行有效性等具有积极影响。

第三,质量策划(Quality Planning)。"质量策划是质量管理的一部分,致力于制订质量目标并规定必要的运行过程和相关资源以实现质量目标。"它包括产品策划、管理和作业策划、编制质量计划和做出质量改进规定。

第四,质量控制(Quality Control)。为达到质量要求所采取的作业技术和活动称为质量控制。这就是说,质量控制是通过监控质量形成过程,消除质量环节中所有不合格或不满意效果的因素,以达到质量要求。

第五,质量保证(Quality Assurance)。质量保证是指为使人们信任某一产品、过程或服务的质量所必须具备的全部有计划、有组织的活动。

第六,质量改进(Quality Improvement)。质量改进是指为向本组织及其顾客提供增值效益,在整个组织范围内所采取的提高活动和过程的效果与效率的措施。质量改进是消除系统性的问题,对现有的质量水平在控制的基础上加以提高,使质量达到一个新水平、新高度。

二、图书馆质量管理的认证过程

（一）提出申请阶段

1. 选择体系认证机构

第三方质量管理体系认证应由图书馆或图书馆委托的专业认证代理机构自愿申请。图书馆或图书馆委托的专业认证代理机构可以自愿选择并决定是否申请认证，自愿选择由中国质量体系认证机构国家认可委员会（CNACR）认可的质量体系认证机构。图书馆或图书馆委托的专业认证代理机构在选择体系认证机构时，主要考虑权威性和读者是否接受。权威性是指质量管理体系认证机构的知名度、影响和信誉。

2. 申请过程

首先，图书馆或图书馆委托的专业认证代理机构应向认证机构提交一份正式的、由馆长签署的申请书，申请书的内容应包括申请认证的范围；申请人同意遵守认证要求，提供评价所需要的信息。其次，在现场审核之前，图书馆或图书馆委托的专业认证代理机构至少提供下列信息：图书馆的简要概况如具体名称、地址等相关信息，有关质量管理体系及其过程的一般信息，对拟认证的质量管理体系所适用的标准或其他引用文件的说明，质量手册及所需要的其他相关文件。

（二）受理申请阶段

一是认证机构在收到图书馆或图书馆委托的专业认证代理机构的申请后，应通过信息交流、初次会谈等方式，了解申请人的基本情况，对申请书进行评审并保存记录，以确保认证的各项要求规定明确，形成文件并得到理解；认证机构与图书馆或图书馆委托的专业认证代理机构之间在理解上的差异得到解决；对于图书馆或图书馆委托的专业认证代理机构申请的认证范围、工作场所及某些特殊要求，认证机构有能力实施认证。

二是认证机构应在规定时间内做出是否受理申请的决定，并以书面形式通知图书馆或图书馆委托的专业认证代理机构，如不接受申请应说明理由。

三是受理申请后，认证机构与申请方签订"质量管理体系认证审核合同书"，双方承担合同责任。

四是认证机构应向图书馆或图书馆委托的专业认证代理机构提供必要的文件和资料，并说明以下请求：始终遵守认证的有关规定；为进行评定、监督、复评和解决投诉做出必要的安排；仅对获准认证的范围做出声明；在宣传认证结果时不得损害认证机构的名誉，不得做使认证机构认为误导或未授权的声明；当认证被暂停或撤销/注册时，应立即停止涉及认证内容的宣传，并按认证机构的要求交回所有认证文件；只能用认证来证明其质量管理体系符合了特定标准或其他引用文件，不能用认证来暗示其服务得到了认证机构的批准；确保正确使用认证文件、标志和报告或报告中的任何一部分；在各种媒体中的认证宣传应符合认证机构的要求。

五是当申请的认证范围涉及某一特定的认证计划时，认证机构应向申请人提供所需要的解释性文件。

（三）文件审查阶段

文件审查是现场审核的基础和先行，当认证机构原则上接受图书馆或图书馆委托的专业认证代理机构的审核申请后，应对图书馆的质量管理文件进行初步审查。

1. 文件审查的主要对象

图书馆提供的描述质量方针、质量目标的文件和质量手册。如果质量手册提供的信息不足以判定是否可以实施后续的审核，可要求图书馆或图书馆委托的专业代理机构提供质量管理体系文件清单，并从中选择需要审查的文件，必要时，可安排初访进一步收集有关信息。

2. 文件审查的目的

了解图书馆的质量管理文件是否满足质量管理体系标准的要求，从而确定是否能实施现场审核；了解图书馆的质量管理体系的情况，以便制订审核计划。

3. 文件审查的要求

文件内容应该符合相关法律、法规的要求；质量管理体系文件应是现行有效版本，并符合文件控制要求；文件内容应该满足申请认证的质量管理体系标准的所有要求，对图书馆中与质量管理体系的要求不相适用的、需进行删减的，要在质量手册中加以说明，并做出合理性解释；名词术语应该符合相应标准，如果图书馆有专有术语，应给出定义。

4. 文件审查人

文件审查通常由认证机构指定的此审核项目的审核组长进行，也可以由认证机构指定的其他审核员进行。

5. 文件审核程序

认证机构将图书馆提交的描述质量方针和质量目标的文件、质量手册交给指定的文件审查人；文件审查人对这些文件对照质量管理体系标准的要求进行初审，必要时与图书馆就其具体情况进行沟通；文件审查人员按认证机构的要求提交文件审查报告，做出文件审查结论；图书馆根据文件报告中的要求，在需要时，对质量管理体系的文件进行修改或补充；文件审查人员对修改或补充的内容进行确认，直至总体上符合要求。此外需要注意的是，文件审核程序的文件审查只是初步评审，在现场审核阶段，还应结合图书馆的质量管理体系实施情况对文件的符合性、充分性和有效性进行进一步审查，文件审查的最后结果应体现在审核报告中。

（四）认证前的准备

一是认证机构的准备。认证机构负责人向审核部下达《项目审核任务书》；任命审核组组长组成审核组；将审核组成员名单通知图书馆，并询问图书馆对所指派人员和专家是否持有异议；正式任命审核组，并发放适当的工作文件；认证机构指定相应业务范围的专职人员负责质量管理体系审核工作的专业管理；审核组长或由其组织的有关人员对图书馆的质量手册等质量管理体系文件进行审查，并初步确定审核的范围和删减的合理性，对文件审查中发现的问题进行记录，通知图书馆在要求的限期内进行纠正；审查组组长根据审核准备情况与图书馆商定是否需要进行初访；审核组组长根据认证合同、文件审查和初访的结果制订审核计划，报认证机构授权人员批准，并将批准后的审核计划提交图书馆认可；审核组长对图书馆根据文件审查结果对有关文件的修改情况进行验证；现场审核前，审核组长召开审核组会议，明确分工，熟悉图书馆的质量管理体系文件；审核员按分工编制检查表，审核组组长进行总体协调，确保其内容覆盖所有需要审核的过程和部门。

二是配合审核组的工作，准备好审核时所需的工作条件；对有关条件和记录进行清理，以便于审核过程中方便调阅。

（五）实施审核

实施审核的主要目的是通过收集审核证据，评定图书馆的质量管理体系实施情况是否与质量管理体系文件的规定一致并有效运行，确定质量管理体系与审核准则的符合程度，并做出审核结论。实施审核的主要活动包括首次会议、现场审核、审核组内部交流会议、与图书馆沟通会议、末次会议和编制并提交不合格报告；审核组组长向认证机构提交审核报告，认证机构应及时地将审核报告提供给图书馆或图书馆委托的专业认证代理机构。

（六）纠正措施的跟踪

图书馆针对审核组提交的"不合格报告"中所列的不合格项应采取有效的纠正措施，防止不合格项再次发生，并向认证机构或审核组报告纠正措施的实施情况；认证机构或审核组对纠正措施完成情况及其有效性进行验证，并对纠正结果做出判断和记录，关闭整个审核过程。跟踪过程应在一个月内完成，对于严重不符合的跟踪过程应在正式审核后三个月内完成。对于性质极其轻微的一般的不合格可在现场审核期间由图书馆立即完成整改，审核员及时进行纠正措施追踪验证，如确已完成，应在不合格项报告中注明。

（七）审批发证

认证机构的审核部对审核报告和相关资料提出初审意见；认证机构的技术负责人提出审定意见后，提交技术委员会；技术委员会主任召开技术委员会会议，审定审核报告的公正性、客观性、做出审定结论；认证机构主任根据初审意见及审定结论审批报告，做出是否准予认证注册的决定；认证机构及时地将审核结论以书面形式通知图书馆；认证机构向通过审核的图书馆颁发统一编号的印有认证机构认证标志和国家认可标志的质量管理体系认证证书，证书的有效期为三年。

（八）监督审核和管理

在证书三年有效期内，认证机构负责对已获得认证证书的图书馆进行监督审核和管理。首次监督审核一般在获证半年后进行，以后每年进行一次。必要时可进行不定期的监督审核，但一般每年不超过两次。对在审核和管理中发现的问题，按其轻重程度有认证暂停、认证撤销和认证注销三种处罚方式。

（九）复审

对已获认证的图书馆出现一些特殊情况时，认证机构应对其质量管理体系进行复审。

如获准认证的图书馆对其质量体系做了重大更改、发生了读者严重投诉事件、发生了影响到其认证基础的更改等事实，认证机构根据复审结果，可做出换发证书或认证撤销的决定。复审的程序与初次审核的程序基本一致。

（十）再次审核（复评）

已获认证的图书馆的证书有效期届满时，认证机构根据提交的重新认证的申请，认证机构将再次组织认证审核（复评）。

第二节　图书馆全面质量管理的依据与要素

一、图书馆全面质量管理的依据

全面质量管理（英文简称 TQM）是美国著名统计学家爱德华·德明（Edward Deming）在 20 世纪 50 年代提出的一种全新的管理理论和方法。全面质量管理理论特别强调管理过程中质量控制的核心地位和决定性作用，强调人对质量控制的支配意义，认为质量既是科学管理的一种要素和措施，又是实施科学管理的一种目的和要求。几十年来，全面质量管理理论风靡全球，走俏于各行各业，对提高各个领域的产品质量和服务质量起到了巨大的推动作用。

（一）图书馆实施全面质量管理的可行性

1. 从管理的目的看，全面质量管理的实质与图书馆的宗旨一致

图书馆以服务用户为己任，质量一直是图书馆工作的一个具有战略性的问题。各个图书馆所采取的质量改进策略可能会有所不同，但改进服务从而提供最高质量的产品这一目标永远是我们职业精神的一个组成部分。因此，对图书馆来说，建立一种评价绩效的机制是很需要的，而全面质量管理正是一个以了解用户需要、提高服务质量和满意度为中心的系统过程。此外，全面质量管理还强调持续改进，一个承诺满足用户要求，保证用户满意的图书馆就可以把全面质量管理作为持续评价和改进图书馆服务的有效战略。图书馆一直在努力改进服务和更好地满足用户需求，这两个目标与全面质量管理是直接相关的。因此，全面质量管理在本质上与图书馆的宗旨是一致的。

2. 从理论上看，图书馆全面质量管理的研究不断深入

①文献数量不断增多。

②内容丰富多彩。

研究者从不同角度探讨了质量管理在图书馆的应用，其研究主题几乎涉及图书馆工作的各个方面，诸如图书馆人力资源质量管理、图书馆读者工作质量管理、图书馆清产核资质量管理、图书馆采访工作质量管理、图书馆文献资源建设工作质量、图书馆编目工作质量管理等。

（二）图书馆实施全面质量管理的必要性

图书馆实施全面质量管理，不仅是可行的，而且是必要的。

1. 可提高服务质量

图书馆引进质量管理的思想和方法，对图书馆工作的各个环节采取有效措施进行质量控制，建立质量约束机制，对于树立馆员的质量意识，改善图书馆的服务质量无疑起到积极作用。

图书馆读者服务工作是需要一个部门的多个人员和多个部门共同配合完成的。质量管理体系不仅对直接与读者打交道的流通、阅览、咨询、检索等环节工作做出详细要求，而且也要对间接为读者服务的部门提出上一环节为下一工序服务的要求。即凡是接续上一部门工作进行再加工的下一部门，就是上一部门的"顾客"，必须替下一部门着想。例如对采访部门来说，分编部门就是它的"顾客"，而阅览、流通等部门又是分编部门的"顾客"，它使得图书馆每个部门、每个人都明确自己工作的"顾客"是谁，从而保证自己所完成工作的质量不但达不到质量要求不能流向下道工序，而且一定要使下道工序的"顾客"满意才行，从而提高了整个图书馆的工作质量。

2. 可保证工作质量的稳定

在管理中，应确定图书馆本馆的质量方针与目标，应确定各岗位的职责与权限，还应建立质量体系并使其有效运行。质量管理不仅注重人的主导地位，更注重管理活动各环节质量的测度与调控。质量体系的文件化，增加了图书馆工作的稳定性。图书馆质量管理体系的有效运行，是图书馆为读者提供长期优质高效服务的保证。

3. 可促进工作的规范化

引进质量管理方法，建立起本馆的质量体系，可通过确定组织机构与职责、程序文件、岗位工作指导书等，明确各部门、各岗位人员职责与权限，明确各项工作的程序及其控制原则与方法，明确各工作环节之接口的处理方法及各自的责任，明确各个工作岗位的具体工作流程与行为规范，从而增强图书馆工作的个体规范性，提高馆员的工作规范化意识。

4. 可持续改进

传统的管理方法常常以维持现状为重心，其座右铭是"如果没破，就无须修理它"。而全面质量管理则把重心转向对系统和过程的持续改进，信奉"即使没破，也要不断改进它"。为了改进机构任务中关键的流程，持续改进使用了一系列特有的方法、工具和测度，以便系统地收集和分析数据。持续改进的要素包括两个方面：一方面是改进哲学，另一方面是一系列问题解决工具和技巧，其中问题解决工具有头脑风暴法、流程图、控制图、因果图等，利用这些图表可以显示出一个机构的工作流程如何、它的基准是什么、变动出现在什么地方、需解决的问题的相对重要程度及所产生的变化是否已达到预期的影响等。要进行持续改进，需具备一个简单的前提，即一个结构化的解决问题的过程比一个非结构化的解决问题的过程会产生更好的效果。不像传统方法仅仅是以一种不明确的、直觉的方式去做得更好那样，持续改进以量化绩效指标为基础，使图书情报机构能建立起可测度的目标，并监控趋向于这些目标的进程。

二、图书馆全面质量管理的要素

所谓图书馆全面质量管理，是指图书馆为保证和提高信息服务质量，动员图书馆的各个部门和全体员工，综合运用管理技术、专业技术、思想教育、经济手段和科学方法，建立健全服务质量保证体系，对服务的全过程实行有效控制，从而经济地开发、生产和提供用户满意的信息产品与信息服务，做到最适质量、最低消耗和最佳服务，最终实现不断提高服务质量的目标。

图书馆全面质量管理包含下列几个要素。

（一）对质量的全面承诺

在全面质量管理中，"全面"一词特别重要，因为图书馆若想实施全面质量管理，首先要做的就是进行全面承诺。图书馆高层管理者必须充分承诺执行全面质量管理工作的原则，并且这一承诺要在整个图书馆中表现出来。质量进程应从最高层开始，除非高层管理者接受质量管理的概念，并鼓励整个组织采纳它，否则即使有良好的愿望、热情、馆员对优质服务的承诺，质量进程也不会取得完全成功。高层管理者若不深深涉入全面质量管理，将给其他工作人员不充分承诺提供好的借口。图书馆管理者要保证为全面质量管理计划提供必需的资源，通过全面质量管理为用户提供所有的产品和服务，认真检查研究图书馆所有的工作程序和过程，从而找出质量不高的原因，而不是从员工身上找原因。应在整个图书馆中普及全面质量管理这种共同语言，增强全面质量意识，让人人不仅能自如使用，而且能满腔热情地承担责任，从而使承诺弥漫于整个图书馆之中。

对全面质量管理的全面承诺还要反映在图书馆的使命、愿景声明、长短期目标中，战略计划也应强化这一承诺。在图书馆开展关于全面质量管理的哲学、期望和利益的有效交流是一项必不可少的程序，图书馆高层管理者在准备的最初阶段就应充分利用这一举措，通过宣传栏、小册子、简报等形式宣传有关全面质量管理的知识，使其遍及图书馆的每一个角落。

（二）以用户为导向的服务

全面质量管理认为，一个组织的质量是由顾客满意程度所决定的。当一个组织把为顾客提供满意的服务作为使命时，它自然会在实施全面质量管理中获益。长期以来，图书馆就是社会最好的服务组织之一，图书馆员一直把为用户服务作为工作哲学。然而，随着环境的变化、社会的发展以及技术上的突破，用户对图书馆的要求也在不断发生着变化，可以说，用户对图书情报服务提出了越来越高的要求，他们渴望从图书馆获得更多样化、更高级的产品和服务。因此，作为以服务为导向的组织，图书馆只有对这种不断变化的需求做出反应，不断改进服务质量，为用户提供满意的服务，才能保持自身的存在和发展。

全面质量管理强调对外部顾客（用户）的关注，但也对内部顾客，也就是图书馆工作人员的需求给予同等关注，这也正是全面质量管理优于其他管理方法的特征之一。全面质量管理认为：图书馆工作人员是图书馆最重要的资源，为用户提供满意的服务从根本上说将来自高素质的图书馆工作人员的工作，因此，为他们提供自身发展所需要的机会和条件，是图书馆成功的关键。

作为全面质量管理的一部分，图书馆应对其所处的环境有一个整体了解，也就是说对用户满意水平要进行经常调查，从而了解他们不断变化的需求，并通过各种努力加以满足，也只有这样，图书馆才能繁荣发展。

（三）消除重复工作

全面质量管理的主要原则之一是把工作做得更好和为用户提供增值产品和服务。图书情报人员应明白他们的工作是与用户的需求直接相连的，他们应常常自问"我们正在为我们的用户做正确的事情吗？""如果没有，我们如何能改进我们的工作过程呢？""为什么我们要做这项工作，它将对谁有益呢？"等问题，而不是不加思考地一味埋头按固有的方式做固有的工作。

全面质量管理要求图书馆根据用户需求，简化工作过程，使一些不必要的工序被取消，并且保证工作一次性做好，消除返工的可能性。因为修正以前所犯的错误、重做无用工作以及不会给产品或服务增值的工作，不但会导致巨大的人力、财力、物力浪费，而且不会给用户带来任何利益。据统计，在一个图书馆中，重复工作所造成的花费相当于整个开支的20%。改进工作流程所必需的技巧之一是进行工作抽样，各种抽样方法对检查现在工作活动中是否存在错误或不合理的地方是很有帮助的。

（四）协同工作

在执行全面质量管理原则时，若没有协同工作的精神是不可能取得进展的。无论是一个部门内的问题,还是各个部门间的问题,都应在团队中加以解决,因为团队更好地显示了"自我指向的工作组"的特点,团队把在一个区域内工作的大多数或所有员工集中起来,去改进各自领域的质量,全面质量管理团队的所有成员将共负责任,从"团队学习"中获益。团队可以由来自图书馆一个部门的人员构成,也可以是跨部门团队。团队工作重心可以集中在图书馆的多个方面,既可以对他们工作的结果进行评估,也可以通过研究如何改进工作方式来改进某项特定服务。

(五)培训

要实施全面质量管理,广泛的培训是必不可少的。那些实施全面质量管理而没有收效的机构,其失败的一个重要原因就是急功近利,缺乏对工作人员进行适当的培训。一个有效的全面质量管理过程,需要对资源特别是对高强度的培训的承诺。领导培训、图书馆员培训、特定计划培训和部门培训是使全面质量管理过程起飞所必需的人力资源投资的一部分。如果图书馆的领导认为无须任何额外支出就能实施全面质量管理,那么,全面质量管理计划成功的可能性就不大。

当员工接受培训时,他们将会对改进服务对用户的重要性有一个更充分的理解,而这种意识将是以后所进行的全面质量管理活动的基石。培训计划的目标之一应该是发展图书馆工作人员的技巧和能力。此外,培训计划还应鼓励每个图书情报人员的创造力和革新潜能。

适当的培训将为图书馆提供全面质量管理骨干,然后,他们可以再向其他人传授在他们各自的领域中如何实施全面质量管理的知识和技巧。通过培训来传授如何能适当使用全面质量管理工具和技巧,将给图书馆带来巨大回报。卓越的图书情报服务是一个永恒向前移动的目标,而培训则能够创造框架和结构,帮助指导图书馆追求质量改进。

(六)授权员工和尊重员工

全面质量管理的特点之一就是引起图书馆内文化的变化,决策将由图书馆中最基层的员工做出。今天,许多大型图书馆仍是等级结构,大多数决策仍是由最高管理者做出的。在这种等级结构中,图书情报人员未受到应有的尊重。

大多数全面质量管理大师认为:一个组织的大多数问题可追溯于过程本身,很少问题是由员工造成的。因此,他们提倡应停止追究员工的责任,而把更多的注意力放在严格地检查过程或系统上。全面质量管理因授权员工而闻名,一般说来,人们都想把事情做好,都希望为自己的工作而自豪。无数关于"图书馆员为什么要选择图书馆工作作为他们的职业"这一主题的调查已表明,大多数反映者认为,他们之所以进入这一领域,是因为他们喜欢为其他人服务，他们喜欢与信息、知识资源打交道。怀着为其他人提供服务这一强烈渴望，图书馆员已与全面质量管理自然而然地联系起来，现在他们所需要的就是拥有尽可能有效地从事他们工作的权利。因此，消除阻止员工充分发挥作用的障碍就是图书馆管理者的责任之一。全面质量管理强调，图书馆管理者要赋予那些做实际工作的人员权利，以便纠正明显出错的工作和消除为用户服务的障碍。

（七）持续改进

全面质量管理不是一项一蹴而就的工作，它不应仅仅在图书馆陷入困境时才被重视，它也不应当被看作解决图书馆所有问题的万灵药。从某种意义上说，不应把全面质量管理描述成一个"事情的变化"，它应是一种"生活方式"，图书情报服务和知识信息产品质量的持续改进是使用全面质量管理的主要理由。

不像传统的计划那样，全面质量管理应被看作一个长期作为图书馆一部分的管理过程。尽管全面质量管理的实施会遇到各种不同的挫折，如一些人员对它的抵制、一些人不明白为什么图书馆还要求已过度负荷的人员去承担这一额外的责任、培训将是昂贵的、它将比人们希望看到的演化来得慢、时间将不充足等，但当全面质量管理得以充分实施时，它将导致对图书馆用户的一个重大改进，整个图书馆工作流程中的有形方面将会得到显著提高。对图书馆来说，更重要的利益之一将是全面质量管理所创造的文化变化——图书馆工作人员参与评估各种不同的操作、参与决定图书馆的战略方向、作为一个团队发挥作用。服务质量改进只是一个现象，其更深的意义在于它提供了转变图书馆的一些领域、实施以质量为驱动的计划、更多集中在用户和为图书馆提供一股健康的"新鲜空气"的机会。

第三节 图书馆质量管理体系的模型与构建

一、图书馆全面质量管理模型

本书设计的图书馆 TQM 模型由图书馆内部 TQM 模型和外部影响 ISO9000 标准两部分组成。

（一）外部影响—ISO9000 系列标准

ISO9000 系列标准是 ISO（国际标准化组织）颁布的一系列与质量管理体系有关的、

关于质量管理和质量保证方面的国际化标准。虽然它与 TQM 是两种不同的现代质量管理理论和方法，但是贯彻 ISO9000 和推行 TQM 之间不存在截然分割的界限，ISO9000 是质量管理的基本要求，TQM 是质量管理的根本手段。从某种意义上说，ISO9000 是图书馆生存的要求，TQM 则是图书馆发展的动力。两者相辅相成，互为条件、相互促进，唯有把两者有机地结合起来，才是现代图书馆质量管理深化发展的正确道路。

（二）图书馆内部 TQM 模型

图书馆内部 TQM 模型分为三个层面：决策管理层、软硬件环境支持层和质量策划实施层。

1. 决策管理层

决策管理层包括推动力、目标、图书馆内外部合作和标杆学习。

推动力。高层领导者的承诺、支持与领导。实践证明，图书馆 TQM 能否成功在很大程度上取决于高层管理者的领导和支持。而且 TQM 是一项长期而艰巨的任务，更需要高层管理者的全力支持和承诺，并将这种支持和承诺付诸实施，以具体的行动表现出来。

目标。用户满意、员工满意。从全面质量控制创始人费根堡姆（Feigenbaum）的 TQM 概念就开始强调"充分满足顾客要求"是开展 TQM 的前提条件。因此，图书馆 TQM 要求必须把以用户为中心的思想贯穿到图书馆工作和服务的各环节中，要为用户做好服务工作，最终让用户放心满意。而且图书馆 TQM 也要使图书馆的每一位员工满意。因为如果员工不满意，就很难提供优质的、令用户满意的产品和服务。所以，对于图书馆 TQM 来说，首先要做的就是让每一位员工满意，然后通过员工的卓越工作达到让用户满意的目的。

图书馆内外部合作。TQM 强调互利的供方关系，这样不仅可增进两个组织创造价值的能力，而且还可为双方的进一步合作提供基础，谋取更大的共同利益。图书馆虽然作为公益性机构，提倡的是社会效益，但仍可借鉴 TQM 的这一点，加强与同行业的联系，加强与书商、供应商的合作，注重用户、员工、书商、供应商等的协调发展。

标杆学习。标杆学习的目的在于帮助图书馆寻找、确认、跟踪、学习竞争目标，通过分析总结标杆图书馆的服务经验，使图书馆明确自己的缺陷，运用别人的经验改进自己的服务，提高服务质量，增强用户满意度，从而最终超越竞争目标，促进图书馆的可持续发展。

2. 软硬件环境支持层

软硬件环境支持层包括图书馆组织文化、人力资源管理、组织机构变革和技术系统支持等。

图书馆组织文化。组织文化是组织中长期形成的共同理想、基本价值观、传统习惯和行为规范的统称。它对组织成员具有感召力和凝聚力，是组织长期文化建设的一个反映。

要在图书馆成功实施TQM就要形成以质量为中心的图书馆组织文化。在日常的工作和服务中应将质量的提高与图书馆形象、员工工作环境及用户的关系等无形的影响力相联系，从而使全员爱护图书馆形象、关心用户利益，自发地相互教育和监督，从而使TQM为图书馆创造持续的社会效益。然而这并非一件容易的事，需要经过长期不懈的努力。

人力资源管理。图书馆TQM是全员参与的管理活动，其成败得失取决于参与活动的员工素质。因此为了满足用户需要，保证TQM的效果，就需要图书馆充分发挥员工培训、激励等人力资源管理方面的基本职能：①要进行着重提高全体人员质量意识和能力为核心的教育培训；②要建立完善的激励机制，如制订员工绩效奖惩激励、帮助下属规划和发展事业的成就激励、赋予员工更大责任的授权激励等。

组织机构变革。当前，我国大多数图书馆金字塔式的管理体制，使得图书馆的信息渠道不畅，信息传递缓慢，组织部门之间存在沟通障碍。这种状况显然与"TQM要求组织破除部门之间的障碍，不同部门之间的员工必须作为一个团队参与工作"是不相符合的。所以要进行图书馆组织机构变革，建立以用户为中心、以业务流程为导向的跨职能团队型组织机构。

要建立这种组织机构，就要求在保证文献资源采购、编目、管理质量的同时简化业务流程，减少部门之间任务衔接时间；加强图书馆内部和外部以用户为核心的非正式合作，提高流程的柔性能力和响应速度，确保用户需求能反映到所有业务流程和每条流程的各个环节中。而且还必须减少组织的管理层次，精简机构，最终使组织层次向扁平化方向发展。

技术系统支持。先进的技术设备和系统是图书馆信息产品、服务质量的物质保障，因此，在条件允许的情况下，应引进先进的技术设备和采用现代化的计算机管理系统，不仅能为图书馆的优质服务提供物质保证，而且也能为用户提供更高水平的服务。

当然，影响图书馆TQM活动的现代管理理论和方法除上面介绍的几种外，还有权变理论、CS理论（客户满意理论）、CI理论（企业形象塑造理论）等，在这里就不一一介绍了。

3. 质量策划实施层

质量策划实施层主要包括用户调查、产品服务设计、持续改进、评估用户满意度、统计分析和持续改进等。

用户调查。图书馆为用户提供信息产品服务时，应首先明确用户的范围。图书馆用户不仅包括通常所说的读者，而且也涵盖了内部用户，即全体图书馆员工。因此进行用户调查时，不仅要关注读者，而且也不能忽视了图书馆员工的需求和期望。

产品服务设计。因为图书馆产品服务质量的好坏直接关系到用户满意的效果，所以产品服务设计也应在模型中有所反映。图书馆应在细致研究用户群体的基础上，针对特定的用户需求，在馆藏文献资源、人力、技术等条件允许范围内，对文献信息进一步深入加工，充分揭示其隐含、分散、动态的信息，实现信息的增值，提高产品质量，从而为用户提供个性化咨询服务。

过程管理。不同于上述两种模型，过程管理处于质量策划实施层的中心。因为图书馆所提供的信息产品，不管是传统的纸质文献信息，还是现代电子文献信息及网络信息，都存在着收集、生产、提供利用这样一个过程链条，每个工作环节的工作人员既是上一个环节的用户，又是下一个环节的供应者。链条中的每一个环节都对产品的质量产生着直接的和至关重要的影响，要获得图书馆服务的高质量，必须对每一环节进行控制，消除各环节中的不合理因素。一旦发现问题及时纠正，才能保证图书馆拿出高质量的信息产品和服务来满足最终用户的需求。

持续改进。持续改进是 TQM 的核心思想，其目的是消除战略计划与实施过程中存在的差距。模型中，对过程管理和产品服务设计中出现偏差的统计分析以及评估用户满意度都会直接影响着持续改进。因此应着重关注这几个环节中出现的偏差，找出用户不满意之处或对图书馆服务质量的要求，然后根据用户要求重新制定改进项目，并予以实施，从而保证为用户提供满意的产品和服务，提高用户满意度。

评估用户满意程度。质量保证过程的第四个要素是评估用户满意程度。调查是评估用户满意程度的有效方法之一。该中心对特定服务领域，如参考服务、电子信息服务等用户的满意程度进行了调查，从中发现问题之所在，为改进选择突破口。

统计分析。TQM 是一项管理战略，同时也是一种管理技术和方法。质量分析、质量决策应以数据事实说话，所以，在产品及过程质量控制中应用统计技术极其重要。应选择合适的统计技术方法，运用概率与数理统计知识进行数据分析，及时总结良好状况的经验，查找出现异常问题的根源，并按照 PDCA 循环的要求将统计技术与纠偏措施结合使用。

（三）图书馆 TQM 模型的特点及适用性

通过以上分析可以看出，虽然外部影响 ISO9000 和图书馆内部 TQM 模型的三个层面是作为独立的单元而存在的，但它们并不是彼此孤立的，即将各个独立的单元综合起来，使之在图书馆 TQM 过程中发挥各自的特殊作用，这也是与其他模型的主要不同之处。图书馆内部 TQM 模型中的决策管理层为图书馆 TQM 活动提供决策指导、目标定位；软硬件环境支持层为图书馆质量管理提供诸如图书馆组织文化、人力资源管理等软环境支持和技术系统硬件环境支持；质量策划实施层是图书馆 TQM 的核心过程，其能否顺利实施是图书馆改进服务质量，提高用户满意度的关键环节。ISO9000 则从组织和管理模式的高度去保证各种质量活动的实现。这样，外部影响和图书馆内部模型之间以及图书馆内部模型的各个层面之间始终保持联系，相互依存与促进，从而使得整个模型作为一个整体发挥群体效应，显示出 1+1>2 的系统性效果。

图书馆 TQM 模型是在参照 ISO9000 系列标准，建立和完善以"用户为中心"的全面质量体系，构建新的运行模式和管理机制，提高工作质量和服务质量，以便更好地为读者服务的理念下构建的，因此，该模型对于那些需要建立质量管理体系，提高工作效率和服务质量的图书馆来说是比较适用的。

此外，为评价模型各部分在图书馆 TQM 活动中的作用，可以从以下几个方面来考察：①机构评估。机构评估一方面要评估图书馆的文化环境是否与 TQM 文化相兼容；另一方面要通过用户满意度调查或特定测试指标来评估用户对图书馆所提供的设施、服务等的满意程度，找出与用户期望的差距，从而为持续改进指明方向。②绩效考核。这主要是对工作人员德、能、勤、绩的考核。首先，应根据图书馆各部门的特点，制定出科学合理的绩效考核指标体系。其次，要建立绩效考核的量化方法，使每个员工按每年每月排列，并分别一次给出量化分值及每月总分，按年度累计进行考核。③服务质量评价。这是评价图书馆 TQM 模型的重要指标，可以由服务的满足度、服务的便利度、服务的关心度及服务的满意度四个方面来衡量。其中服务的满足度可以通过信息保障率、用户咨询率及咨询准确率等指标来体现；服务的便利度包括服务布局是否合理、开放时间和收费是否合理、系统运行是否稳定等；服务的关心度具体表现在图书馆馆员在为用户服务过程中的情感投入；服务的满意度是对图书馆服务工作的全面评价，是满足度、关心度、便利度等评价指标的综合体现。追求较高的满意度，应成为提高图书馆服务质量的最终目标。④质量保证体系的建立。图书馆质量保证体系是指质量目标体系、组织保证体系和标准管理体系等的总称。在质量保证体系建立的过程中应采用文件的形式监控质量体系实施的状况，将先进的服务方法和经验逐渐转化为文件化的程序，尤其是一些有效的纠正和预防措施，以便改进质量体系，提高服务水平。

二、图书馆全面质量管理体系的建立

一个有效运行的体系是一个完整的整体，它通过制定质量方针、质量目标，明确职能、确定权限，互相沟通了解，减少或消除由于职能不清导致的障碍，可系统地考虑资源的投入，减少浪费。所以，我们应该考虑建立图书馆全面质量管理体系。

（一）建立图书馆全面质量管理体系采用的主要方法

1. 业务流程管理

业务流程管理是指通过对业务流程的分析研究，明确所需完成的任务和在执行任务过程中存在的问题与障碍，通过用户和工作人员通力合作，使供需双方顺利对接。

2. 定标赶超

定标赶超即预先确定一个参照目标（可从单位内外选定），然后把现存的系统同该目标进行对比，找出差距，从而不断加以改进、提高。

3. 再设计

再设计不仅涵盖了流程的改进，而且还在总体高度上对整个流程进行重建。

4. PDCA 循环

即"计划—执行—检查—处理"工作循环，四个阶段周而复始地运转：计划阶段制定质量目标、活动计划、管理目标和实施方案；执行阶段按预定计划要求扎扎实实地去做，以贯彻实现计划、目标；检查阶段对照执行结果和预定目标检查计划；处理阶段实际上就是工作总结阶段。

5. 成立质量控制小组

在实施 TQM 时，通常成立一个质量控制小组，由图书馆内相关部门的人员参加，同时还聘请用户担任协调员。

6. 应用 SERVQUAL 方法评价图书馆服务质量

20 世纪 90 年代，美国服务市场营销学家依据 TQM 理论提出了一种称为 SERVQUAL 的方法。美国图书馆学家对此很感兴趣，他们根据这一方法设计了五个层面，作为用户评价、衡量图书馆服务质量的客观标准。这五个层面分别是：有形设施、可靠性、服务效率、保障及情感移入。每一个层面又分成若干问题，要求用户打分，最终获得用户对图书馆的客观评价，而管理者根据用户的评价制订出战略计划和改进图书馆服务质量的指南。

（二）图书馆建立全面质量管理体系的要点

1. 领导亲自参与

已故的日本著名质量管理专家石川馨博士在阐述日本式全面质量管理（又称全公司范围的质量管理 CWQC）时，强调全面质量管理只有在公司社长（总经理）亲自参与的前提下，才能取得实实在在的成效。如果只是授权给下属或通过支持下属来推动，效果则会大打折扣，甚至不可能取得成功。企业要迈向 TQM 成功之路，很关键的一点是要认识到"质量是经营者亲自参与领导所创造出来的"，这也就是当年石川馨博士大声疾呼日本的经营者应把全公司质量管理当作经营上的一种思想变革的理由。

2. 用户中心观念

用户是图书馆的顾客，是图书馆生存与发展的基础。图书馆内的各个部门都应树立用户中心的观念，凡未能满足内、外部用户需求的工作过程均应加以改进。每位员工在其工作内容与质量上，必须时时考虑用户的需求，以生产出用户真正满意的产品或推出用户信赖的服务。只有以用户为中心，才能使图书馆的作业过程合理化并成为用户心目中产品和服务的最佳提供者。

3. 持续的过程改进

持续的过程改进是图书馆不断提高产品或服务质量的重要途径。好的过程不一定产生好的质量，但好的质量一定是好的过程中产生出来的。在实施持续的改进时，图书馆应将其内部的人力资源组成团队。团队的主要任务是对图书馆内部的关键过程和影响其生存与发展的重要方面不断地加以改进，使其常具竞争力。

（三）图书馆建立全面质量管理体系的步骤

1. 统一思想

建立全面质量管理体系，实行全面质量管理，首先图书馆的领导要统一思想，让员工明确实行全面质量管理的必要性和可行性，尤其是最高管理者必须认清其作用和目的。其方法是：收集有关全面质量管理的信息，特别是其应用于教育部门、服务部门、非营利组织以及图书馆的重要论述；组织访问考察已成功实施全面质量管理的图书馆，获得关于全面质量管理的第一手资料；聘请全面质量管理专家和顾问到图书馆开办讲座，参加有关全面质量管理的会议、研讨会和培训班等。

这些活动，使图书馆所有人员对全面质量管理的概念、历史背景和它在非营利机构中的应用有了比较充分的了解，明确图书馆实施全面质量管理的意义和它在改进图书馆工作质量和服务质量中的作用。

2. 组织保证

实施全面质量管理，领导是关键。应成立由馆长即最高管理者为组长，由业务副馆长为副组长，由各中层负责人参加的领导小组，具体负责管理体系建立的组织实施工作。中层干部既是具体指挥者又是实施者，他们的参与是图书馆成功实施全面质量管理的重要基础。

3. 员工培训

实施全面质量管理，必须全员参与。这就要求大家不仅要明确图书馆实施全面质量管理的意义和它在改进图书馆工作质量和服务质量中的作用，而且还要掌握实施全面质量管理的技术和方法，如产生思想和收集信息的工具（头脑风暴法、调查表、访问等）、达成共识的工具（标准评价表、投票等）、分析和显示数据的工具（因果图、直方图、排列图等）和计划行动的工具（流程图等）。这些工具和技巧在分析问题、实施改进和评价结果中是非常有用的。培训可以通过多种途径，如全体员工大会、板报、快报、办培训班、组织参观等。

4. 全面质量管理体系的策划

首先是制定实施全面质量管理体系的目标，即实施全面质量管理后要实现的近期目标和长期目标。制定目标要围绕上级主管部门制定的图书馆在若干年内的发展总体规划，根据上级的规划和要求，制订出合乎实际需要的质量管理计划，再结合本馆的实际情况（图书馆的服务对象、经济状况、馆舍条件等）和上级的要求确定自己的基本任务、近几年的目标以及实现上述任务的战略步骤。

5. 机构绩效评估

通过用户满意度调查或特定测度指标来反映用户对图书馆提供服务的满意程度，这是进行持续改进的基础。因为只有通过把当前绩效同用户期望进行比较，从中找出差距，查出质量管理上存在的纰漏，才能瞄准改进的方向，设计出新的管理体系，提供高质量服务，达到满足用户需要的目标。

6. 全面质量管理体系结构的设计

全面质量管理体系的结构一般是根据全面质量管理的流程即策划—实施—评价来设计，并根据各馆的实际情况和理解，给各个阶段加入不同的内容，根据体系的结构绘出管理体系的模型。

7. 组织与实施

在质量管理体系策划和体系结构设计的基础上，应具体落实组织机构、职责权限和分工，通常要制定二图一表，即组织的《行政机构图》和《质量管理体系结构图》以及《各职能部门的职能分配表》，明确各个部门的职能。职能分配表具有十分重要的作用，因为它使体系的运行有了组织保证。

要调整机构、配备资源，要使职能部门按计划完成自己的任务和目标，就必须赋予其一定的职责和权力，就必将配备一定的人力资源、物资资源、基础设施，营造相应的工作环境。

8. 编制文件

实施全面质量管理，必须进行文字记载，以便保持行动的连续性和进行前后效果的比较。记载的内容包括实施全面质量管理的方针政策、保证体系正常运转的规章制度，以及平时会议、讨论和工作的记录。

9. 图书馆效率的测量和审计

图书馆开展全面质量管理活动后，必须了解活动开展后工作效率提高的情况和在使读者满意方面达到了何种程度。因此，除了对读者进行必要的调查，以了解读者的需求和对图书馆的满意程度，还必须运用图书馆统计学知识，从质和量方面对所做工作做出评估。如统计出图书馆机读数据库被检索的次数，采购部门所采购的各专业图书数量，各专业图书的实际使用量等。将全面质量管理开展前后的统计数据作对比，从而测量出质量管理开展后图书馆工作效率的提高状况，这种测量对图书馆质量管理系统来说是至关重要的。

图书馆效率测量的另一个特殊形式是审计。所谓审计，指的是采用一些专业化的标准对图书馆的工作进行评估并做出结论。图书馆的审计工作通常可由馆内外各方面专家和读者组成的审计小组来进行。

通过读者调查、效率测量和审计，可以对开展全面质量管理时制订的任务计划完成情况进行全面检查，总结经验教训，为下一步开展新一轮的质量管理做准备，从而形成新的质量管理循环。

第三章

图书馆人力资源管理

第一节 图书馆人力资源管理的内涵

一、人力资源与人力资源管理

(一) 人力资源

1. 人力资源的概念

人力资源的概念主要包括下列五个要点：

第一，人力资源是社会上所有劳动力的总称，包括已经参加工作的劳动者和达到劳动年龄但尚未参加工作的人口。

第二，人力资源包括所有参与体力劳动与脑力劳动的人口，是创造社会财富的人口总称。

第三，人力资源是指人体内的生产能力，包括潜在的劳动生产力和现实的劳动生产力。

第四，为社会创造物质财富、精神财富，提供服务的劳动力都称为人力资源。

第五，人力资源具有国籍和地理属性。

以上表述均体现了相关领域"人力资源"的含义。传统意义上的人力资源是物质劳动的数量和质量及其随时间推移和在某些领域的潜力的总和。将来、现在和未来的工人将被包括在时间序列中。根据地理界限，劳动人口可分为特定国家、地区、行业或组织的劳动人口。人力资源的概念至少被理解为工人的体力、智力、知识、经验和技能。

2. 人力资源的特征

劳动者是历史的创造者和推动者，也是社会物质财富和精神财富的创造者和所有者，是最主动、最积极、最活跃、最有能动性的人力资源。自然资源的开发和利用有助于国民经济的发展和社会变革。作为一种特殊类型的经济资源，人力资源不仅具有质量、数量、时间和空间的属性，还有自然的生理特性。

（1）自有性

人力资源属于人本身，与人是不可分割的。尽管在招聘时，雇主会阶段性地使用人力资源，但工人对于自己的时间仍然拥有最高级别的所有权。这是将其与其他资源区分开来的基本特征。

（2）再生性

经济资源分为两大类：可再生资源和不可再生资源。不可再生资源一般为矿藏，每一次开发利用，总量就会减少；森林等可再生资源在开发利用后仍能保持资源总量不变。只要保持必要的条件，人力资源的可再生性是通过人口和劳动力中个体的不断更替、更新和再生来实现的。当然，人力资源的可重复性取决于对一般生物规律的遵守、人类意识的支配和人类活动的影响。

（3）生物性

人力资源将身体视为自然载体，它是一种生物资源，与人类的自然生理特性和遗传密切相关。一般而言，体力劳动者需要更高的生理健康水平和更强的体力要求；而脑力劳动者则需要更丰富的知识积累和智力、经验。此外，人力资源的生物性还表现在个人和社会角度的人力资源的再生性。这一特点决定了在人力资源使用过程中需要考虑工作环境、工伤风险、时间弹性等非经济或货币因素。

一般来说，劳动密集型岗位的工人对物质人力资源的要求更高；从事高科技和智能职业的员工需要更高的智力、情感和经验。此外，人力资源的生物性还体现在人力资源从个体和社会角度的可再现性上。这一特点表明使用人力资源时必须考虑非经济或财务因素，如工作环境、使用人力资源时的工作事故风险和时间灵活性。

（4）能动性

人力资源的能动性，是指人的体能与智能结合在一起所具有的主观能动性，这种能动性具有不断开发和提高的潜能。人力资源的能动性可以从以下四个方面来理解。

①有意识性。知道活动的目的，可以有效地对自己的活动做出抉择，处理自身与环境之间的关系。

②人在活动中处于主体地位，是支配其他一切资源的主导因素。

③人具有自我开发性。在生产过程中，人是对自身的消耗，但更重要的是在劳动中通过自身行为的合理化，使自己的劳动能得到补偿、更新和发展。这是其他资源所没有的特征。

④在生产过程中的可激励性。即通过对人的工作能力的提高和工作动机的激励来提高工作效率。

(5) 时效性

人力资源的形成、开发、分配、使用和培养与人的生命周期密切相关。首先，人的生命是一个积累人力资源的过程。但是，由于员工的类型和层次不同，开发和使用仅代表一个人生命的某一阶段。社会科学家和技术人才的最佳生命阶段将有所不同，每个人的最佳时期并不总是一致的。而且，人力资源作为一种劳动的能力存在于劳动者体内，只有在其发挥作用、创造财富时才能显露出来。如果是体力型的人力资源，不能使用不仅会造成浪费还要消耗其他资源来维持它。如果是智力型的人力资源，如果不开发和投入使用不仅会导致浪费，其本身也可能失去价值。其次，人们在一天中的不同时间看起来也不都是一样的，所以我们需要理性地使用它们，以最大限度地发挥一个人在不同年龄段的潜力。有效的管理可以随着时间的推移最大限度地利用人力资源，而管理不善则导致人力资源的浪费和流失。即使是同一个人，在不同管理机制与不同激励措施下，其提供劳动与创造的价值也可能有巨大的差别。

(6) 持续性

物质资源经过人们反复开发之后，会形成一个相对稳定的产品。物质资源转化成相对稳定的产品，这是一个完整的生产过程。人力资源与物质资源不同，除了上述生产和再生产的生物学意义，人力资源保持可持续发展。资源的利用不仅是训练、收集、改进和构建的过程，也是一个发展的过程，可以为特定的人"多次发展"，直到生命结束。更准确地说，直到职业生涯结束。人事管理是这种资源不断进一步发展的行为。

(7) 资本性

人力资源具有资本性，可以投资并得到回报。人力资源与物质资本的根本区别在于，人具有主观能动性，而物质是被动的。人力资本是一种活的资本，是劳动者能力和价值的资本化，有自己的意识、需要、权利和感情，可以能动地进行自我投资、自主择业和主动创业。一句话，人力资本可以自我增值、自我利用。

(8) 创造性

将人力资源与其他资源区分开来的最重要特征是人力资源是"有意识的"，并且是知识的传递者。凭借他的智力活动，具有巨大的创造潜力。不仅提高了人的生活物质生产，还提高了人自身的能力。这种创造性的人力资源性质要求科学创新机构的制度化管理，从社会的角度调动人们的积极性，有效地配置资源。从公司的角度来看，需要适当的激励来提高人员部署的效率。从每个人的角度来看，只有加大智力投入，选择最适合自己的职业，才能最大限度地提高人力资本投资的回报。同时，人类的知识可以传播和深化。将之前所学的知识带入生产活动，使得人力资源更有使用价值。

(9) 双重性

人力资源既是生产者又是消费者，这是人力资源的两个特征。这要求我们不仅要注意人口控制，还要重视人力资源开发和人才培养，充分利用和开发现有的人力资源。

(二) 人力资源管理

1. 人力资源管理的概念

从人力资源管理理论发展的历程来看，"人力资源管理"的概念可以总结为以下三类：

第一类是"人力资源管理"的概念，由美国管理学家彼得·德鲁克（Peter F. Drucker）等人提出，他们认为人力资源管理是最广泛意义上的一般管理职能。人力资源管理的这一定义基于管理"人本主义"的哲学，将每个员工视为宝贵的资源，而不是组织最小化的成本。人类学家的观点表明，人力资源管理使用一系列管理行动来确保有效的人力资源管理。其目标是实现个人、企业和社会的利益。

第二类是关于"人力资源管理"，表明"人力资源管理"是人事管理的一个新名称。这个概念的假设基础是当前的管理实践和活动是最好的和最可接受的。它可以用来有效地领导人们，并且这些管理方法可以不断改进。因此，人力资源管理是对人事的管理，它包含广泛的概念和技术，必须掌握这些概念和技术才能完成人或人事方面的任务。

第三类是以斯托瑞等人为代表，他们在20世纪80年代后期提出了"员工至上"学说，倡导以人为本和多元化。斯托瑞和其他人认为，总的来说，人力资源管理是一种旨在绕过贸易的复杂管理方法。他们认为人力资源管理是证明管理者合法性的另一种方式，而不是用作工具或方法。

综上可以理解，人力资源管理是在一定环境下，通过计划、组织、协调、激励等管理功能，协调组织中人、事、物之间的关系，探索人类的全部潜力以激发人类创造一系列针对个人愿望和商业目标的活动。

人力资源管理必须实现以下四个目标：人与事的匹配，要求做到事得其人，人尽其才；促进人与人之间的协调，达到诚信与和谐；一起工作并强调团队合作与工作之间的联系，需要有组织的权力和责任；要发挥整体优势，人的需求与工作报酬尽量达到一致，要求实现酬适其需，人尽其力，讲求最大贡献。

2. 人力资源管理的特征

(1) 综合性

人力资源管理是一门非常复杂和综合的科学。这需要充分考虑经济因素、文化因素、组织因素、心理因素、生理因素、民族因素、地理因素等，包括经济、科学、人类学、心理学、技能科学等。

(2) 实践性

在过去的几十年里,人力资源管理已经成为一门科学。它是现代大规模生产的产物。人力资源管理理论诞生于欧美国家,而我国的人力资源管理理论相关研究还不成熟。因此,我们应该从实际出发,学习相关研究理论、开发和人力资源管理的成果。

(3) 发展性

人类对物质定律的理解往往受到许多主客观条件的限制,不能急于求成、一蹴而就,而需要一个长期的过程。因此,所有学科都是开放的并且正在发展认知系统。人力资源管理理论可以概括为三个发展阶段。

古代的人事管理思想——包括中国古代人力资源管理的思想,里面有很多亮眼的东西。至于旧的西方人力资源管理概念,大多数都是基于量化管理,缺乏系统性。

科学管理思想——以泰勒（Taylor）、法约尔（Fayol）和韦伯（Weber）为代表,以"经济人"为前提,以效率为目标,对待人就像对待物一样,管理的重点是数量的协调,以及科学化和组织化。

现代管理思想——将科学管理与行为科学相结合。根据"以人为中心"的"人类社会"的假设,有意识地对人力资源进行定量和定性的管理,逐步走向质量管理（如概念管理）是必不可少的。

二、图书馆人力资源管理的内涵分析

(一) 图书馆人力资源管理概念

人力资源管理的概念有两种解释：宏观层面和微观层面。宏观层面的人力资源管理主要是指各种方法的运用。一个国家或地区充分发挥其人力资源的潜力是十分重要的。提高劳动力素质,优化劳动力结构,完善人员组织管理,使劳动力和生产方式处于最佳状态。微观层面人力资源是管理人员为特定用人组织选择员工、培训、雇用和留住员工所需的概念和技术的集合。主要包括工作分析、人员、选拔内容、分配、培训、工作考核、报酬以及社会环境等。

图书馆人力资源管理也有两种观点。从广义上讲,管理图书馆的人力资源就是管理图书馆员。狭义的图书馆人事管理是指从人事管理发展而来的人力资源管理,包括招聘、聘用、培训和绩效管理。图书馆人力资源管理的重点应放在人力资源的获取和使用上。

（二）图书馆人力资源管理的重要性和必要性

1. 图书馆人力资源管理的重要性

（1）人力资源开发与管理是图书馆生存与发展的生命线

图书馆的生存和发展取决于自身的资源。大多数这些资源由三个主要部分组成：人力资源、物质资源（建筑物、设备、数据等）、财务资源（例如资金）。人力资源是使用和控制其他两种资源的第一种资源。美国图书馆界有一种说法，在图书馆服务的角色中，图书馆占5%，信息资源占20%，图书馆员占75%。

（2）图书馆现有的人事管理已经不适合未来发展的需要

长期以来，我国图书馆主要任务的核心是馆藏创建和文献安全活动，即在保存和整理藏书的基础上，为读者提供各种服务，组织结构和材料，规范相对独立的"收、存、借、阅"机构，集中收集、自成一体、分散式的文献信息开展工作。人力资源管理的二次发展，即人力资源管理的经典层面，现阶段劳动人力资源管理以"工作"为核心，以人为本，聚焦"领导"，强调工作纪律，提高服务态度和员工素质，而服务模式创新和服务质量提升并没有系统地加以考虑，对员工的进一步培训和教育将被忽视。这种管理方式阻碍了人的主动性，不利于提高工作质量和工作效率。

21世纪的图书馆员不再是经典的簿记员，相反，他们是信息专业人员，其职责侧重于数据的开发和使用，以及教育和培训用户处理文献和信息。未来图书馆工作的重心将转向针对性服务，不可避免地要根据针对性服务的需要提供不同的服务，图书馆员工作中的知识水平和主动性决定了服务的质量。显然，现有的人力资源和人事管理系统已不再适合21世纪图书馆的发展需要，必须完全更换为新的人力资源系统。这种管理着眼于"人"，寻找"人"与"工作"之间的联系，将"人"的发展与图书馆的自然发展联系起来。

2. 图书馆人力资源管理的必要性

（1）人力资源管理是图书馆留住人才的有效手段

作为一个非营利性组织，图书馆最初不能与其他社会组织相提并论。首先，一些图书馆业务范围小、服务手段落后、社会声誉不佳，影响了工作人员的形象。其次，在传统图书馆人员管理中，人没有被视为重要资源，人才闲置、压抑的现象更为严重。最后，图书馆行业普遍不重视人才培养，员工的知识老化，跟不上时代的要求。图书馆员作为知识和智慧的传递者，已成为图书馆存在和发展的主要因素。一个好的图书馆员已经成为图书馆最重要的资源，应支持员工根据个人兴趣、发展机会和要求选择合适的工作，设计合适的职业发展路径，为员工提供帮助，以实现他们的职业目标。

（2）人力资源管理是图书馆提高办馆效益的关键所在

改革开放以来，图书馆信息资源和图书馆人力资源合理组合，我国图书馆事业取得了长足的进步。图书馆的位置和设施逐渐改善，市、县都有图书馆，政府对图书馆的投资每年都在增加，逐步引进先进技术，现代化设施建设都有不同程度的推进。但是，一些图书馆的利用率仍然很低，而人为因素和人力资源的使用过少是主要的原因之一。

图书馆的采访、编目、信息咨询等业务的学术性、技术性、专业性较强，一般都由受过高等教育的专业技术人员即专业图书馆员来担任。总的来说，图书馆员在专业方面有很高的标准。图书馆管理者应充分关注他们的需求，并尽力满足他们的个性化需求。

现任图书馆员在图书馆的发展计划中扮演着贡献者的角色，是网络资源提供者和知识创造者。图书馆管理者应有意识地为图书馆员提出建议并创造各种机会，使其能够通过继续教育、职业培训、内部培训等进一步发展，并具备在图书馆工作所需的知识和技能，成为一流的信息工作者。

第二节　图书馆人力资源的聘用与考核

一、图书馆人力资源的甄选与聘用

（一）图书馆员工的甄选

员工的甄选，是指从一组求职者中挑选出最适合某一特定工作职位的人员的过程。绝大多数管理者认为：员工的甄选是，也是最重要的决策之一。有关调查表明，甄选活动的平均成功率只有1/3，可见员工甄选工作意义的重大。

1. 初步接待

求职者与招聘工作人员通过直接接触，彼此形成初步印象，开始进行双向选择。若双方有进一步考虑的意愿，求职者可领取申请就职表，招聘者通过简单问题的提问尽快排除明显不合格的求职者。

2. 填写申请表

求职申请表是由求职者填写，反映求职者基本状况和求职意向等相关情况的标准化的图表。求职申请表是招聘人员最快、最准确地获得与候选人有关资料的最好方法，其所提供的信息一般包括教育、工作经历、技能、爱好等。

3. 审查申请材料和推荐材料

求职者大多有着明确的求职目标，可通过申请材料和推荐材料或亲自与求职者交谈等方式了解求职者的愿望及过往有着怎样的职业经历。了解这些信息，是为了预测求职者是否能胜任这份工作，坚持做下去的概率有多少。

4. 测试

对求职者进行知识、技能、心理素质方面的测试，安排合适的试题，通过求职者的表现去评估其适应工作的能力，借以考察应聘者的知识结构、从业素质、推理能力、创新能力等方面的情况。

笔试要求应聘者以撰写文章或者填写答卷的形式，表达其对某些问题的看法。

面试是挑选员工的重要手段。面试较笔试更能直接地测验应聘者多方面的能力，有更直观的印象。面试内容包括应聘者的仪容仪表、人生观、社会观、职业观、人格成熟程度（情绪稳定性、心理健康等），个人修养、求职动机、工作经验、相关的专业知识、语言表达能力、应变能力及决策能力、自我认识能力及协调指导能力、社交能力、分析判断能力、团队意识、责任心等。

体检主要是确定求职者的一般健康状况，确定求职者是否有慢性病或岗位所不允许的生理缺陷。

发放录用通知。对决定录用的求职者发出正式录取通知，对不予录用的求职者也发函致歉。

（二）图书馆员工的聘用

1. 员工使用的内容和程序

（1）员工使用的内容

新员工的岗位安置。将新招聘的员工安置到预先设定的岗位上，使新员工开始为图书馆工作，即任职。

老员工的职务升降。通过人事考核，对工作绩效优异者晋升职务，让他们担任更高的领导职务或承担更关键的岗位工作，以便更好地发挥他们的潜能；对能力不足、无法胜任其岗位要求者，降职使用，以免妨碍组织任务的完成。

余缺员工的调配。根据实际需要，调剂各岗位员工的余缺，将员工从原来的岗位上调离，赋予新的岗位。

（2）员工使用的程序

确认员工的上岗资格。在员工上岗前，首先应该确认员工的上岗资格。对员工的能力进行评价，了解培训工作是否达到了履行岗位职责的要求。如果员工已经具备了上岗资格（即取得了图书馆专业的职业资格证书、具备了相关学历或技能），则由图书馆安排其上岗。

分派员工上岗。对于经过资格认证的员工，由图书馆按照他们各自具备的能力与招聘培训的目的把他们分派到图书馆的各个部门或各个岗位，员工必须按规定时间上岗并进入工作状态。

考察并评估员工的工作绩效。员工开始工作时，图书馆管理者便开始对员工的工作状态进行监督、考察，从中获取信息，作为对员工评价的依据，并进行工作绩效评估。

进行员工调整。根据员工绩效评估的结果，图书馆管理者进行相应的人事决策，或向图书馆的主管部门或主管领导提出建议，进行员工调整。

2. 员工聘用的原则

(1) 知事识人原则

知事的意思是在招聘员工之前，需要了解各个职位的内容和角色以及对员工素质和技能的要求。识人意味着尽可能多地了解图书馆的员工，了解员工的各个方面，甚至家庭背景和社会关系。基于知事和识人的基础使用员工，可以减少错误并提高招聘准确性。

(2) 兴趣引导原则

兴趣是一个人的心理倾向，其中人的表现与事业成功密切相关。当你做你喜欢做的事时，工作可以给人们带来满足感、幸福感和生产力。

反之，工作将会成为人们的负担。因此，图书馆用户应关注员工的利益和需求，尽最大努力支持他们从事自己感兴趣的工作。需要注意的是，可以组织不是每个人都喜欢的活动，如自习室上夜班。相当周到的照顾或其他有利条件，可以补偿牺牲个人利益的员工。

(3) 因事择人原则

因事择人是指以职位空缺和实际工作要求为出发点，以岗位要求为标准，选聘各类人员。它可以保证组织的效率，防止人员泛滥、人浮于事的现象发生。设定职位级别时，除了考虑职位的操作内容，还需要考虑技能、员工态度、级别等其他因素。

(4) 任人唯贤原则

任人唯贤是要求用人要出于公心，以事业为重，真正把德才兼备的员工放在重要位置上。只有坚持任人唯贤的原则，才能有高素质的员工服务，才能保证符合图书馆的各种功能。根据道德原则，"贤"字有两方面：一是要德贤，二是要才贤。德才兼备，不可忽视。司马光说过："才者德之资也，德者才之帅也。"才是德的基础，德是才的方向，道德促进人才的发展。

（5）用人所长原则

由于先天生理差异和后天训练程度的不同，因此每个人的素质和技能是不同的。图书馆应注意员工素质和能力的差异，把他们安排在相应的岗位上，以充分发挥他们的特长。

天赋比学历更重要。学历只是证明能力的工具，在面对工作时，每个人都是不一样的，有着不同的态度与素质。所以，在招聘中必须综合分析，做出全面而深刻的评价。

（6）试用—稳定原则

认识人是一个非常复杂的过程。白居易的诗云："试玉要烧三日满，辨才需待七年期。"实现人与事的最佳结合也需要一个调整的过程，不可能最初的方案就是最好的方案。因此，始终需要试用期来验证员工是否能够胜任。在试用期后应该保持一定的稳定性，不应该鲁莽地重新定位。否则，员工将无法尽其所能地高效地为图书馆工作。

（7）严爱相济原则

员工加入新岗位需要图书馆领导和用人部门给予较多的关爱，比如：生活上，要帮助员工尽可能地解决困难，提供更多便利条件；工作上，要指导员工取得进步；同时在法律上保证员工享受应有的权利。另外，图书馆管理者要定期对员工进行考核，看员工是否达到规定的工作目标和绩效。考核可从能力的提高、工作成绩、行为模式等方面进行。

二、图书馆人力资源的考核与激励

（一）图书馆人力资源的考核

1. 考核概述

图书馆人力资源的考核，其实就是对员工做出客观、公正的评价。所谓评价是指在一段时间内衡量和评价员工的工作活动和绩效与组织期望的一致性的过程。评估强调组织及其员工既是发起者又是参与者，通过组织及其员工的共同努力，才有可能实现组织期望与实际绩效的统一。

（1）工作态度

态度是建立在一个相对恒定的、重合的内在心理行为倾向的设定上的，它是一个特定的对象，是图书馆员对符合图书馆价值观和具体工作知识的个人情感和行为的偏爱。不同的工作环境会影响图书馆员的行为，并直接导致图书馆员工作方式的差异。图书馆员在图书馆工作中非常积极主动，并且能够有意识地处理任何问题。职业道德评估消除了图书馆员特定行为的内部和外部差异，注重尊重工作中的个人感受，对于工作中每个馆员的个人感受的心态十分重视。这直接影响到馆员所有行动的执行。

(2) 工作行为

工作是任务的集合，任务被分解为特定的行为。这是建立在合理有效的工作分析的基础上，也是与以职务为核心的组织结构相适应的。如果职位分析的描述过于宽泛（其实很多职位分析都是根据职责和职位描述的层次来划分的），评估的工作就是让这些行为的描述更加具体易懂，然后比较实际行为与工作行为。评估侧重于图书馆员的具体行为，重点是图书馆员做了什么。

(3) 工作结果

图书馆员的工作对图书馆预期目标的实现有着巨大的影响。图书馆员通过适当行为的服务状态对工作做出一定贡献，反映了图书馆员在工作或图书馆员价值观中的水准的体现。这种反映体现在几个客观指标上，如岗位数量、工作质量、员工流失率、出勤率和事故率，具体指标因工作类型而异，实际上反映了图书馆员的表现。

在实际评估中，根据具体工作情况确定三者的权重。如果其中一项被忽略，评估就可能会无效。只关注行为而忽视结果绝对是错误的，同时不能忽视图书馆员在职业道德和行为方面的努力。

2. 考核的内容

(1) 德

美德是精神境界的综合体现。道德品质和对理想的追求，也是知识经济时代图书馆员应具备的素质之一。道德决定了一个人行为的方向——你为什么这样做，行为的强度——你付出的努力程度，行为的类型——实现目标意味着什么。美德的标准不是抽象的和一成不变的，不同的时代、行业和层次有不同的道德标准。

(2) 能

能是指人类的能力和品质，即理解和改变世界的能力。当然，技能是不稳定和孤立的。因此，能力考核应在质量考核的基础上，结合具体馆员在实际工作中的表现进行考核。包括智力技能、思维技能、表达技能、研究技能、组织指挥技能、协调技能、决策技能等。不同岗位应有自己的侧重点，在考核过程中应区别对待。

(3) 勤

勤，顾名思义，指的是图书馆员工作过程中是否足够勤快、热情，态度是否足够认真、负责。可见，勤指的是对工作的态度。

出勤率的评估不仅需要定量测量，也要有一个定性的评价：以饱满的热情积极认真地投入工作中。

（4）绩

绩是指图书馆员的工作，包括所做工作的数量、质量和经济效益。不同角色和职责的人都关注绩效评估，这也是图书馆事业评估的核心。

3. 考核的标准

（1）考核标准的分类

制定考核标准时，要针对不同岗位的实际情况，对不同职位制定不同的评估参数，而且尽量将评估标准量化、细化。考核标准有以下三类：

①绝对标准。绝对标准的实质是人与工作的比较，是以出勤率、事故率、文化程度等客观现实为依据。

②相对标准。相对标准的本质是个体之间的比较。因此，每一个个体都不仅仅是比较的对象，也是比较的参考点。相对评价标准的缺点是：不可比性因素太多，容易违背评价的本质，背离日常工作的特点，忽视工作标准，容易改变"个人"考核的主体，"转向"抽象的人，偏离考核。

③客观标准。客观标准是评价人在评价员工绩效时，作为每项评价项目的基准而确定的等级。为使考核内容更清晰、结果更公平，应采用更全面的标准和客观标准。同时，对员工必须公布并采用考核标准，并且应该避免黑盒操作。考核中的奖惩制度不仅适用于员工，也适用于高管。当然，评价经理的标准和评价员工的一般标准是有区别的。

（2）考核标准的特点

国外管理专家把考核指标的设计规范归纳为一个英文单词："SMART"。

S（Specific）是指考核指标设计应当细化到具体内容，即切中团队主导绩效目标，且随着情况变化而变化。

M（Measurable）是指考核指标应当设计成员工可以通过劳动运作起来的、结果可以量化的指标。

A（Attainable）是指考核指标应当设计成员工可以通过努力实现的、在时限之内做得到的目标。

R（Realistic）是指考核指标应当设计成能观察、可证明、现实的确存在的目标。

T（Time—bound）是指考核指标应当是有时间限制的、关注到效率的指标。

"SMART"表明了设计员工考核指标的基本原则。

4. 考核的作用

（1）考核是人员任用的前提

考核是"识人"最重要的方法，"识人"是"善任"的前提，评价道德素质、智力素质、知识素质、图书馆员的专业素质，兼顾图书馆员的技能和专长，然后分析并根据职位定位。

（2）考核是人员调配的基础

通过评估了解员工敬业度和员工协作水平。如果你发现某人的素质和技能对目前的职位来说太突出了，你可以提高他们的职位。如果发现其他人的素质和技能不符合当前职位的要求，他们应该被降职。如果事实证明有些人仍然没有反应或质量和技能不能随着程度的变化而变化，可以横向调配。

（3）考核是人员培训的依据

图书馆员的培训应该有针对性。培训的前提是正确认识各类人员的素质和能力，通过考核确定馆员的素质和存在的问题，并进行培训需求分析。评估是检测培训效果的主要方法。当管理人员和培训师分析培训需求时，他们应该将员工评估的结果作为图书馆员培训需求的基础。

（4）考核是确定劳动报酬的标准

图书馆的内部工资核算必须遵守工资和报告之间的一致性原则。而精确衡量"工作"的数量和质量，是实行按绩效分配的前提。只有将公司绩效与奖励紧密联系起来，才能让馆员感到公平。

（5）考核是激励员工的手段

考核确定了推动进步的奖惩目标和等级，使奖惩明晰可辨，有助于提高馆员的积极性，实现企业目标。基于生产力和劳动力的付款作为考核的基础，提高、降低或拒绝成绩旨在作为对图书馆员的初步评估。同时，辅以具体的考核规则，目标应科学合理。评估还有助于图书馆建立学习型组织，从而提高图书馆员的效率和竞争力。

（6）考核是促进员工成长的工具

工作考核是客观的评价工具，通过馆员与馆员之间的绩效比较，对评估结果优异者，是一种鼓舞，对绩效不佳者是一种鞭策。把评估结果反馈给馆员，可以让馆员发现自身的缺陷和不足。

5. 图书馆员考核的方法与实施

考核的关键就是运用各种方法收集每位员工的工作态度、工作行为、工作结果等方面的信息，并将其转化为员工工作的评价。

（1）考核的方法

①工作行为评估法。主要有以下几种：

工作标准法。将图书馆员的工作与图书馆设定的工作标准进行比较，以确定图书馆员的表现。这种方法的优点是参考标准明确，缺点是缺乏量化和可衡量的指标，这使得制定劳工标准变得困难。

对偶比较法。对偶比较法是指根据一定的实践标准，将每个馆员与其他馆员成对比较，以评估谁"更好"，并记录每个馆员是否被认为"更好"。

民意调查法。它将评价内容分为若干项，制作评价表，然后将评价表分发给特定的人群。可以先让评估员报告自己的工作并进行自我评估，计算每个评估员的平均分数以确定评估员的工作水平。这种方法一般用作辅助和参考方法。

关键事件法。关键事件是指那些对部门工作产生重大积极或消极影响的行为。使用这种类型的评估方法，负责评估的管理者在工作完成时记录代表特定绩效的图书馆员的行为，并生成书面报告。这个方法的优点是结论不易受主观因素的影响，缺点是底层工作量大。

业绩评估法。根据工作分析，将被评估者的工作内容划分为相互独立的考核项目，对不同的项目制定明确的评价标准。这种方法的优点是评估的内容全面，缺点是受个人因素影响较大。由于评估者的差异，这可能导致对具有相似绩效的评估者的评估存在巨大差异。

②工作结果评估法。适用于工作结果评估的考核方法目前主要有目标管理评价法。

第一步：图书馆的分管领导、馆领导和馆员共同讨论最近一段时间内需要实现的工作目标。

第二步：在图书馆员工作期间，图书馆主管和馆员将工作目标进行调整，使其符合实际情况。

第三步：在工作日结束时，负责考评的管理者和该馆员共同讨论目标实现程度及成功或失败的原因。

第四步：主管领导和馆员联合制定下一个评价期的工作目标和绩效目标。

目标管理评价法的优点：考核者的作用从判断者转为顾问和促进者，员工从被动的评估者转变为主动的参与者。员工主动地参与了整个评估过程，这无疑会增加员工的满意度和自信心，并可以积极参与工作。这通常有利于工作目标和绩效目标的实现。不仅对图书馆员的个人发展有益，也促进了图书馆员工的发展和现有员工的素质提高。

目标管理评价法的缺点：首先，因为设定和调整目标需要很长时间，所以比较耗时。其次，这种评价技术不便在馆员之间和各个工作部门之间建立起统一的工作目标，更不便对馆员和各个工作部门的工作绩效进行横向比较。

（2）考核的实施

为了使评估工作顺利进行，需要提前规划。评估目标必须明确，然后根据评估要求选择评估的主题、内容和时间。

评估的目标不同。评估目标不同，则评价的侧重点也不一样。技术岗位考核时，考核专业技术人员的专业技术水平，考核的目的和内容各不相同。对成绩易于变化的工作，如参考咨询人次、流通量等，可按月或按季进行考核；而对一般较为稳定的员工的思想品德，考核次数可少一些，一年一次即可。

考核是一件复杂而系统的工作，需要长期跟踪收集信息资料，并对数据做必要的加工、归纳。

一般来说，对图书馆而言，进行考核的人员包括被评估者的上级、同事、下级、馆员本人、读者和考核小组。对评估者的选择取决于考核的目的和标准，应该根据不同的需要选择适当的评价信息来源、选择合适的评估者。

评级系统的最后一个关键步骤是对评估结果的反馈。以员工的工作结果为指导，有效地改进评估结果。图书馆员应要求部门负责人在绩效谈话期间向图书馆员报告评估结果。所谓绩效对话，是指部门负责人与下属进行讨论的考核结果。面谈期间，部门负责人应向员工提供绩效反馈，帮助他们发现问题并阐明图书馆将推动专业改进，为员工提供良好的沟通和了解其工作的机会。

除了对图书馆工作人员的评价结果外，反馈还用于促进图书馆员进步，鼓励馆员回顾进步。它也用于图书馆员的教育和培训，这意味着评估结果应该为图书馆员进行培训作参考。而以教育培训为基础的继续教育是提高图书馆员工作效率的有效措施，因此图书馆应改变以往的指导方针，即优先考虑图书馆员的需求，根据工作类型和图书馆员的需求提供有针对性的培训。

（二）图书馆员的激励

1. 激励概述

"激励"一词在《辞海》中的解释是"激发使振作"；在英语中，Motivation 来源于拉丁文 Movere，具有"使劲"的意思。激励本属心理学的范畴。它是个体与环境相互作用产生的结果。在管理学中，激励就是通过满足人的需要激发人的工作积极性的过程。

人力资源管理的四个基本目标是获取、保留、激励和人力资源开发，激励是核心。因此，国内外各种组织的负责人和管理人员，无论是过去还是现在，都使用各种激励方法来提高士气、促进团结，完成组织的使命，实现组织的最高目标。

2. 激励管理的基础和前提

一个人的工作动机必须基于他们多样化的需求和对满足的渴望。根据美国心理学家马斯洛（Maslow）的理论，图书馆管理者在考虑图书馆员的职业发展时，需要着眼于满足高层次的社会需求。因此，在使用激励管理时，需要了解员工的需求并给予激励。

(1) 调查员工的共同需求

必须被尊重。每个人都希望被同事尊重，我们如何才能获得重用和尊重？依靠自身过硬的技能。从图书馆的角度来看，这种技能是当一个人的知识、技能和能力与图书馆的要求相符时，解决工作场所实际问题所需的知识和能力。正如一个"无用的英雄"，是需要自信和成就感的。

需要一个学习环境。如果图书馆只是一个机械工作场所而不是一个学习型组织，图书馆不仅不会留住人才，而且会阻碍图书馆的发展。要营造适合图书馆员持续发展的空间环境，培养图书馆员的积极性和阅读氛围，使图书馆的运作充满活力。

需要良好的环境。图书馆的工作环境主要由馆内环境和社会环境组成。每个人都希望工作环境愉快、文明、轻松、和谐，在工作中放松身心。当然，松散的社会环境并不是松散的。当每个人都感到懒惰时，没有压力，没有一丝危机感，他们将失去热情和独创性。

(2) 了解馆员的不同需求

对知识的追求。大多数图书馆员迫切需要提高和扩展他们的知识，并渴望有机会学习、培训和发展。

不同文化、背景的追求。不同背景和文化水平的人有不同的目标：经济健康的人渴望更高水平的成长和健康的环境；经济相对较弱的人更容易接受物质奖励。在传统文化背景下长大的人为健康的环境而奋斗，而有西方文化背景的人对成就感相对关注度更高。文化水平较低的人则希望接受高等教育，而那些受过高等教育和其他学科学习的人则希望尽快掌握图书馆的文化、规章制度等馆情知识和技能。

关注不同年龄段。每个图书馆员的心理状态和需求是不同的，每个图书馆员在不同年龄段的心理状况和需求也都不同。不同年龄的人，有不同的职业，刚开始工作的年轻人在工作和教育中感觉更强大、更积极。经过一段时间的工作，获得了一些专业技能和工作经验，也希望能引起图书馆领导的注意和同事的尊重。

3. 激励的方式

(1) 目标激励

目标激励是设定正确的目标，激发人们的动机和行为并达到调动人们积极性的目的。管理心理学中的目标设定理论认为，"实现目标是一种强大的动力，完成工作的最直接动力是提高积极性水平的重要过程"。用目标管理调动馆员积极性，这是一个很好的方法。首先，为目标设定一个标准。心理学认为，虽然目标很有价值，但只有能够满足人们需求的目标才能建立直接行动的机制，人们会选择那个目标并为那个目标而奋斗。目标越接近需求它的价值也随之增加，而且越能调动人们的积极性。其次，是掌握目标的难度。美国心理学家弗隆（Furlong）认为，动力＝目标能力×期望值。动机的本质是好的。目标越高，期望越高，产生的热情就越大。但只有当它满足真正的期望时，人们才能够有效地接受和激发积极性，从而再次设置目标。长期目标可以在很长一段时间内履行职责，并给予人们导向，但实现的过程更长，也更困难。只有坚持长期目标才能提高图书馆员的积极性。人们经常看到的是短期目标，与人们当前的利益直接相关。因此，有必要将远近目标结合起来，以调动馆员的积极性。个人目标是图书馆员的个人目标，图书馆经理必须了解员工的个人需求和发展需求，并提供一个展示个人能力的舞台。图书馆领导者还可以指导员工的职业发展，让他们参与推动实现职业规划，实现个人目标和集体目标的统一。热情的效果越大，动力就越强。在设定和执行目标时图书馆领导者要及时引导，两者兼顾，把任务完成与需求满足相结合，最后设计目标考核标准。目标结束做出现实的评估很重要。制定奖励和惩罚的标准，使图书馆工作人员感到目标已经实现，并有动力朝着新的目标迈进。

（2）政策激励

使用基于政策的方法来提高员工的积极性会对思维和行为产生巨大影响。首先，要用好思想政治工作，提高馆员的"意识"，强化他们的理想、信念、职业精神和无私奉献精神，是保持馆员积极性的关键。其次，促进分配制度（即物质激励）。许多图书馆分发系统过去都是类似的，导致工作人员不是很积极。合同制度对员工积极性起到了促进作用，尤其是中层管理人员。最终，员工的技能和热情得到提高。要取代传统的片面择业，采用双边择业和灵活性原则，将管理转变为行为管理，利用行为激励激发员工积极性。

（3）情感激励

相关专家的测试结果表明，薪水、奖金、职称等只能调动60%的积极性，剩下的40%靠的是情感动力。管理的"南风"法则也是众所周知的，也被称为"热度法则"。法国作家拉封丹（La Fontaine）曾说，北风与南风比强，看看谁能脱行人斗篷，首先是北风，吹来一阵冷风，行人裹紧大衣抵御寒风；南风徐徐吹，风在阳光下吹，行人在春天感受上半身的温暖，并脱下斗篷。在图书馆激励管理中采用"南风"法则，需要领导者通过尊重激发被领导者的内在动机、同理心、理解、信任和尊重，朝着"以人为本"的思维发展。关注员工的个性和品格，激发个人责任感，员工的工作热情需要"温暖"。

（4）培训激励

有上进心的人希望不断加强、改进和最大化他们的工作潜力，图书馆通过培训可以满足图书馆员的个性化需求并取得成功。鼓励图书馆员获取新知识和新技能，将个人目标与业务目标相结合，为个人目标而奋斗。通过参加培训，图书馆会觉得培训是图书馆员工作和生活的重要组成部分。只要训练就能取得新的成果，学员会获得强烈的自我价值感和自我意识。图书馆工作人员将图书馆视为他们的主要生活空间，训练有素的图书馆员也可以通过提高技术技能获得更高的回报。

(5) 工作丰富化激励

建立一个自然的工作小组，让每一位馆员都能在愉快友好的氛围中工作。这种自然的工作小组不是为了解散和重组现有的部门，而是在部门之外形成各种正式的非正式的小组（和团队），完成或讨论工作。

发展与读者的关系，即让图书馆员尽可能多地与读者互动，以了解读者的工作，用自己的技巧引导读者使用参考书目等。

实行任务合并，让从事简单工作的馆员工作得到扩展。例如，让电子阅览室负责值班的馆员同时负责指导读者利用数据库的工作，而不应将之分散成阅览室和参考部两个部门的任务。

允许图书馆员独立工作。图书馆员在工作中应该有更多的决策权，以充分利用他们的主观能动性。例如，与其让他人决定做什么，不如鼓励图书馆员采取主动，提出项目、计划，完成工作。

(6) 环境激励

环境的好坏，直接影响人工作的热情和积极性。领导者可采取多方面的灵活创收方式，增加收入，提高生活水平，使员工专心本职工作。一方面，可以增加现代化设备，改善图书馆员的工作环境。这不仅能减少员工的重复工作量，还有助于利用人才库和提高生产力。另一方面，致力于为员工营造良好的人际交往氛围。虽然这种氛围是无形的，但是群体中的每个人都可以亲身体验，它可以营造一种相互信任和支持的氛围。理解与沟通、内隐的理解与合作、鼓励与和解、团结与合作，是一种激励、积极的竞争机制，在这样的竞争环境和机制下，责任和权利是紧密相连的，当然个人必须履行对组织的义务，同时，个人权利和需求可以得到广泛的保护、维护和尊重。

第三节 图书馆人力资源的培训与开发

一、图书馆人力资源培训

(一) 图书馆人力资源培训的意义

培训的本质是学习。通过教育培训，每位员工都可以被"充电"，以开发自身的潜能，提高工作效率。最广泛意义上的训练，如广义的培训，即高级的杠杆培训，代表与图书馆发展的战略目标和目标相关的培训。它使用引导式设计过程来确保有效的培训，并将图书馆培训计划与其他图书计划相结合。这种做法有助于创造一个促进持续学习的环境。狭义的培训是指专门分配时间、金钱、人力和财力的具体活动，确保完成提高图书馆员素质和技能的教育工作，即旨在提高图书馆员素质的专门培训。具有特定业务目标和内容的图书馆员工培训涵盖多样性、科学性和重点。

从这个意义上说，培训是人力资源开发的一种重要形式，因此图书馆组织需要培养人才。培训必须按照目标和计划进行，以及使用各种方法为图书馆员提供进一步教育，目的是不断提高知识、发展技能，并改善图书馆员的动机、态度和行为，使馆员能够适应新的需求，更有资格胜任当前的工作或更高的职位，可以接管图书馆的工作并提高图书管理的工作效率，组织改进和实现目标，其目的是通过实现现有人力资源的潜力，充分利用可用的人力资源。

从宏观经济角度看，教育是人力资本投资的重要形式。20世纪，世界发生了重大的科技创新，学科交叉、相互融合使科技产生新的飞跃。人口众多、新增劳动力的就业压力大是我国的基本国情，只有通过教育和培训，才能将人口压力转化为巨大的人力资源效益。

从中级角度来看，教育是支持图书馆可持续发展的有效机制。由于规划系统的长期影响，这使得现有图书馆工作人员在教育结构方面与信息社会不相容。年龄结构、员工关系、学习任务和图书馆的适应性成为可持续发展的重要保障机制。培训通过引入社会知识和信息，影响新思想，保证馆员思想信息的新颖性。

从微观上看，培训是一种有效的沟通和激励手段。除了在图书馆工作以谋生之外，图书馆员还需要意识到自我成长和自尊。图书馆员通过培训，可以获得新的知识和技能。这使他们能够在网络环境中执行烦琐且具有挑战性的任务，意识到自我成长和自尊，最终实现物质和精神上的满足。

（二）图书馆人力资源培训内容

1. 知识培训、技能培训、态度培训

知识培训。受过培训的图书馆员具备运作和了解图书馆组织的基本情况（如发展战略、目标、时事）所需的基本知识。

技能培训。目的是让图书馆员具备完成工作所需的技能，例如操作技能，处理人际关系等方面的技能，以及保持和开发图书馆员的潜力。

态度培训。这种培训建立了图书馆组织和馆员之间的相互信任，提高了图书馆员的精神状态和职业道德以及组织理念和团队观念。

2. 导向培训、在职在岗培训、在职脱产培训

导向培训。又称新馆员培训，旨在为新入职的馆员和不熟悉图书馆内外情况的馆员提供指导，使他们了解新的工作环境、条件、人际关系、规章制度和发展目标。新图书馆员教育的深刻意义在于培养馆员对图书馆的归属感，这包括意识形态、情感和思想等。

在职在岗培训。是指聘请有经验的馆员、管理人员或专职教师直接对馆员进行的培训，如计算机基本操作、网络基础知识、数据库管理、网络环境下的信息搜集与处理、网络信息的利用、专业外语等方面的培训。

在职脱产培训。是指将图书馆员送到大学或国外进行深造等。如今，这种培训方式在大型组织中得到广泛应用。

3. 各层次、各职能的培训

各级培训。不同层次的培训涉及图书馆员在不同业务和管理层面（上、中、下）和职能部门的培训，也称为垂直培训。高级经理组织中的图书馆经理应该具有广泛的专业经验和出色的技能，他们应该定期接受培训，帮助高管提高和完善他们的专业技能，不断提高他们的知识水平。中层管理人员和普通管理人员以及组织的部门负责人（主任）往往在组织的整体利益和助理馆员的利益之间会产生一定的冲突和矛盾，他们担任了管理和中层管理职位，因此必须接受培训，以便尽快掌握必要的领导技能和工作方法。技术人员和专业人员的培训意味着对图书馆工作人员的培训，此类培训对象有自己的业务领域，掌握自己的技术知识和技能。

各职能培训。各职能培训也称为横向培训课程，是指针对各个机构的培训课程。在经营管理方面，培训的目的是让图书馆工作人员明确各部门的专业、工作流程及各部门的职权范围；对同一职能部门相同专业的不同馆员分别提出不同的专业技能要求，以适应不同职务、不同岗位的需要。

4. 学历教育培训

根据工作需要和专业发展需要，图书馆应鼓励图书馆员进行高水平的学术培训。例如，馆员欲在图书馆获得硕士学位或博士学位，图书馆尽量为他们提供稍微好一点的学习环境和条件。

5. 科研能力培训

现代图书馆的骨干必须具备学术研究能力和创新理念，能够指导学术人员进行学术研究并为其提供服务。提高图书馆服务水平，图书馆可以选拔一些业务骨干参与、主持科研

课题，拓宽业务骨干的科研视野，提高其科研能力。

6. 个性化培训

对于崭露头角的图书馆员，图书馆应提供适当的培训并帮助他们获得实际解决问题的技能，包括人际关系管理沟通技巧和个人培训。

7. 综合培训

安排各种讲座，比如选择合适的培训教材、开设课程等，图书馆还可以根据不同时代工作的需要，选择业务骨干外出参观学习。拓宽馆员视野的同时，也可邀请专业人士举办讲座、学术会议等，满足不同层次馆员的需求。

（三）图书馆人力资源培训工作应遵循的原则

1. 培训计划的前瞻性

主要的培训计划，将贯穿所有培训活动，并反映在与教育活动的所有连接中。教育计划应在为图书馆的需要和目标设定的时间范围内实施教育的指导思想、目标和核心措施。

在制订培训计划时一定要慎重，不仅要做好当今急需的培训计划，同时也要符合图书馆发展的需要和图书馆员个人发展目标的实现，特别是通过长期规划，确保图书馆的教育工作系统地开展。

2. 培训目标的明确性

培训目标是教育的预期成果，即获得的综合技能。图书馆员必须具备专业领导技能和技术操作技能。因此，有必要进行分析和评估图书馆员的"教育需求"，了解图书馆员的性质和工作环境的性质。根据专业能力要求，制定明确的教育目标和教育评价指标体系。

3. 培训内容的实用性

培训材料不仅对目前的工作效益有帮助，也要注重个人发展以及未来的图书馆服务发展，教育内容必须实用。这不仅是因为知识和技能是由图书馆工作人员增强和改进，也是对知识和专业知识的扩展，更多的是知识和相关性的统一，并改进应用程序和创新选择，不要选择看起来很重要但不是真正有用或影响很小且没有针对性的内容，同时在内容选择上要注重发展图书馆员培训的潜在开拓性。

4. 培训手段与培训方式的多样性

现代媒体和信息技术网络改变了培训手段和培训方式。因此，有必要根据知识、技能、认知能力和心理的性质以及图书馆专业人员的需求，采用多种教学方法和教学手段。积极变革，由课堂板书式培训转变为多媒体教学培训，满足图书馆员的培训要求。

5. 培训时间的紧凑性和灵活性

随着图书馆改革的深入，提高图书馆工作人员的工作效率的要求，使工作与培训之间的矛盾更加清晰。因此，时间安排要紧凑，根据图书馆员知识和专业技能比较完备、自我效能感和思维能力水平较高的特点，安排全日制培训课程和短期强化课程的特定辅导。标准时间要求可用于评估个人技能和专业资格，并且个人可以根据自己的职业和生活时间的长短来选择学习的期限。这可以缓解工作和学习之间的冲突，可以完成工作和培训，两者目标都可以达成。

6. 培训教学管理的严格性

严格的教学管理是实现教育目标、保证教育质量的重要措施，准确评价是客观评价教育工作者接受和掌握培训材料程度的重要途径。包括检查教师培训的选拔措施和计划的适当性，两者都是必不可少的，必须按照规定的要求对所有过程进行严格控制。

7. 有人用人的一致性

人才培养是一项系统工程，培训工作必须从解决图书馆系统问题入手。它始于图书馆的长期利益，将人员、工作系统和教育系统结合在一起，进行全面管理，使图书馆能够提供优质的服务。馆员的兴趣与组织的目标挂钩，能提高馆员对培训的认识。实行培训、使用、考核与待遇等育人、用人一体化制度岗位资格证书制度，能增强馆员培训的动力，为馆员能力的提高提供制度保证，实现图书馆培训的最终目的。

（四）建立图书馆人力资源培训机制的措施

在缺乏图书馆培训理念和培训体系保障的情况下，图书馆培训则不能提供一系列的人力资源培训计划，会使培训流于形式，图书馆有限的培训经费也就不能用到实处，培训质量得不到保障。因此，要尽快建立图书馆人力资源培训机制。

1. 树立"以人为本"的培训理念

"以人为本"的培训理念是人力资源培训的宗旨。所谓"个人职位匹配"，也称职业能力，描述的是一个人从事某一职业的能力与该职业的能力之间的相互作用。图书馆应提高图书馆员个人的技能，使他们的才能朝着有利于图书馆目标的方向发展。

2. 倡导"平等培训"的图书馆培训文化

"以人为本"的培训理念必须有平等的概念。尊重所有图书馆员，为各级图书馆员制订一致的职业发展计划，并提供平等的培训机会。平等人才培训理念是图书馆管理"以人为本"的理念，它是图书馆管理理念的重要组成部分，也是保护图书馆容量的最重要因素。

3. 制订合理的培训规划

首先，根据图书馆未来的发展目标和图书馆人力和财力的特点，确定图书馆员的培训和职业规划。其次，是尽快制订一个统一的、合理的培训管理计划，提高馆员队伍素质。

4. 建立可行的培训制度

建立教育体系作为员工教育的保障。图书馆应该尝试组织教育系统，包括教育服务系统、目标教育制度、教育激励制度、教育考核制度和培训奖惩制度。

图书馆工作人员培训的成功取决于教育系统的指导方针和标准，并且教育系统的内容必须满足图书馆的总体发展目标。可以在《图书馆法》的范围内考虑建立培训制度。

二、图书馆人力资源开发

（一）图书馆人力资源开发概述

1. 图书馆人力资源开发的概念

广义的人力资源开发，通常是指以国家为主体的宏观层面的人力资源开发，与正规教育相关，即开发人的知识、技能、经营管理水平和价值观念，并使其潜能不断获得发展和得到最充分发挥的过程。

狭义的人力资源开发通常是指以组织为主体的微观层面的人才开发。指组织提供学习机会和活动计划进行的工作类型，以培养员工技能和提高工作效率为目标。

图书馆人员的发展从狭义上讲是人力资源的发展。运用现代管理原则和方法对图书馆工作人员进行适当的培训、组织和使用，使人力和物力资源始终处于最佳关系。同时，对人的思想、心理和行为进行适当的疏导、控制和协调，充分发挥人的主观能动性，使"人尽其能，物尽其用"，有所作为。图书馆工作的目标是适应社会、经济和社会大环境的发展和变化。例如，文化的发展对图书馆服务提出了很高的要求。

图书馆人员发展的主要目标是图书馆员和图书馆的共同发展，以最好的服务满足读者和用户的需求。

2. 图书馆人力资源开发的意义

使图书馆更具竞争力。计算机技术、通信技术和网络技术的飞速发展改变了过去人们接收、处理和发送信息的方式，同时也改变了信息的创建和维护方式，将不可避免地对图书馆的运作提出更高的要求。图书馆需要在服务理念上进行广泛深入的创新。

有利于建设高素质的人才队伍。加强图书馆人员发展机制是图书馆工作创新的关键，这使图书馆能够发展和加强其创新能力。提高了图书馆员对图书馆工作的认识，使其有使命感、责任感和成功感。提高了馆员的科研能力和水平，打造坚实的团队，实现读者对图书馆工作的高度认可，营造良好的互动氛围。

有利于图书馆的可持续发展。由于科学技术的飞速发展、世界经济的融合以及国际文化交流的加强，图书馆在未来发展过程中只有进一步挖掘自身潜力，才能满足不同群体的精神文化需求，实现跨越式的成长和进步。首先，图书馆要明晰自身定位和优势，打造核心竞争力，这样才能更好地抓住机遇；其次，图书馆要创建一支高素质人才队伍，毕竟人力资源是一切组织不断向前发展的关键性因素。

（二）图书馆人力资源开发内容和方法

1. 图书馆人力资源开发的内容

谈到图书馆人力资源开发，不得不提到人力资源素质这一概念。后者指的是一个系统结构，这一结构的关键点在于人才的技能和品行。而人力资源素质结构也决定了人才培养的内容结构。因此，图书馆人才培养的内容主要包括职业技能、专业水平、思想道德素质的培养。

人力资源的生理开发。能力保证是发展能力的先决条件。图书馆工作人员唯有拥有健康的身体素质，才能始终保持积极、昂扬的工作状态。为了掌握图书馆相关人员工作过程中的身心状况，保证其人身安全，可以展开一系列研究，比如，人体在图书馆各工作部门、不同的工作条件下神经系统、呼吸系统和感觉器官的变化；环境设施对人体健康的影响；等等。

图书馆工作人员经常会感觉到疲劳，可以针对这一点去深入研究工作人员疲劳的生理机制、原因和解决方法，使其能够以更饱满的状态、更愉悦的心情投入工作过程中去。

人力资源的心理开发。人类的巨大潜力最初是作为一种被称为"心理劳动力发展"的心理潜力而出现的，主要目的是利用心理学和行为科学的发展成果来研究能源、作用结构、作用机制等影响人的发展的因素，并利用研究成果指导和影响人力资源开发。在图书馆的所有因素中，人是最活跃和精力充沛的。无论是图书馆的发展还是创新，图书馆的工作需要调动图书馆员的积极性。

人力资源的伦理开发。人力资源伦理发展主要是基于对道德理想等职业道德问题的研究，主要包括道德信念、道德规范、道德观念、道德情绪、道德行为、道德品质、道德教养、道德评价等。工作过程中人际关系的适应也是道德人才培养的一部分。图书馆员之间的谦逊、团结和友谊是职业道德的基本要素。在网络环境下，工作过程中的分工越来越精细，紧密的合作需要图书馆员之间更多的支持和配合。培养个人道德的任务是让图书馆员充满责任感、承诺、公平和道德，唤起良知，唤起恻隐之心、羞耻之心、礼让之心和是非之心，不断地提高图书馆员的劳动伦理素质。

人力资源的能力开发。所谓的能力开发意味着培训和发展图书馆员的技能。人类技能包括观察、记忆、注意力、思考、学习和许多其他领域。员工的创新能力已成为图书馆竞争优势的基础。创新能力是指利用所有已知的信息，按照既定的目标和任务，进行积极主动的思考活动。员工创新潜力的开发应具有两个方面的特点：一方面为员工创新创造条件；另一方面是创新技能的应用。从能力的角度，培养、激励和更好地分配创新的人力资源人才。

2. 图书馆人力资源开发的方法

图书馆人力资源开发的方法是指将人力资源开发分为职业开发、管理开发、组织开发、环境开发四大环节来研究人力资源开发的方法。

职业开发是指以馆员的职业生涯为对象的人力资源开发活动。包括以下几方面的内容：①改进个人职业生涯规划。②改善所有职业阶段上的匹配过程，解决职业危机。③正确处理馆员在职业中的各种心理问题。④在不同的生命阶段使家庭和工作取得均衡。

管理开发的基本手段包括法纪手段、行政手段、经济手段、宣传教育手段等。

法纪（法律、纪律）手段。法律是国家按照法定程序制定、公布和遵守的。纪律措施由其管辖范围内的政府机构、公司、机构和其他社会组织实施和执行。两者都负责控制行为。

行政手段。行政是指通过组织和上司的命令和行动，通过组织的执行层面的行动，对下属直接领导的方法。

经济手段。经济手段是将个人行为的结果与经济利益相结合来控制馆员行为的管理方法。其主要特点是非强制性和间接性，不影响或支配直接和强制性管理方法的行为。

宣传教育手段。媒体宣传教育是指通过宣传法律、方针、规章、制度，以及创造理想和道德，能够使个人自觉地为组织工作，提高人们的意识和思想意识的一种方法。

人才发展活动的环境就是社会环境、自然环境、工作环境和国际环境。其中，社会环境从宏观经济的角度制约着人才发展活动。自然环境以中性的方式存在，人们只能减少对人力资源开发活动的负面影响，但负面影响无法消除。工作环境直接影响人力资源部门的积极性。国际环境影响着世界各国的人力资源开发，而不同国家、地区的人力资源开发有着不同的需求，环境便可以用来满足各式各样的需求。需要注意的是，对环境的处理一定要科学、恰当，否则人力资源的开发进程反而会受到环境的拖累。也就是说，人力开发过程中，想要达到预期的目标，一定要对环境有深刻的认识，并使用科学的方法去使用环境。

(三）图书馆人力资源开发措施

图书馆人才培养的观念受到传统思维的限制。今天，图书馆还停留在一般的基础工作上，诸如新书推荐等，多年不变的工作内容和循序渐进的工作作风限制了馆员的思想观念。此外，人才缺乏竞争，激励机制不完善，难以调动图书馆员的积极性。因此，有必要加强图书馆员的发展。

1. 转变观念，树立正确的人力资源开发新理念

人力资源是图书馆中最重要的资源。它具有其他资源所不具备的协调、整合和判断能力。因此，必须坚持"以人为本"的管理理念，充分发挥人力资源开发在经济发展中的基础性作用。图书馆经理在观念的发展中扮演着战略性和重要的角色。"以人为本"必须改变旧的思维方式，鼓励馆员学习新知识，实践新技能，适应不断变化的环境。

2. 实施图书馆人力资源的政策性开发

政策制定可以确保图书馆机构的连续性和人员发展。图书馆管理者必须建立考虑到图书馆员个人发展需求的规章制度，尽快确定并实施多层次的人力资源开发计划，减少图书馆相关员工的流失，及时弥补人员失衡。合理分配人员，使馆员能够更好地适应工作要求。多层次人力资源开发是指有针对性、持续、渐进地发展人员，以保证机构人员的连续性和发展性。

3. 实施图书馆人力资源的激励性开发

发展动机是调动图书馆员积极性和创造性的重要手段。激励模式可以概括为与目标激励相关的内容——精神动机和物质动机。此外，精神道德能有效激发馆员的积极性，培养强大的精神动力，灌输图书馆员的尊重、信任、鼓励和钦佩。为了有效地挖掘指挥的潜力，我们应该了解图书馆员当时的需求和动机，并对不同的馆员，不同的部门、岗位和职责采取不同的激励措施。从文学、科学资格、艺术技能发展方向、个性等方面赋予他们更高要求的任务，并支持他们发挥潜力。

4. 实施图书馆人力资源的培养性开发

图书馆人才的发展主要与教育培训的发展有关，包括提高图书馆知识、扩展技能和提高质量。在瞬息万变的网络和社会环境中，图书馆员的专业知识和商业技能是经过客观规划和培训的。在图书馆员职业的培养中，图书馆需要重点培养知识和其他技能，尤其是计算机和网络技能外语等相关学科，特别重视图书馆员"情商"的培养，提高他们的适应能力和沟通能力，使他们真正成为图书馆的导师和知识带头人，成为多功能的网络人才。这足以满足图书馆的发展，更好地适应现代图书馆建设和发展的需要。

5. 实施图书馆人力资源环境的开发

随着社会经济的逐步发展和现代技术在图书馆中的应用，文献资料的提供者、服务方式、图书馆管理方式正在发生根本性的变化。图书馆作品主要分为原创作品内容和现代作品内容。因此，有必要将员工发展与图书馆的总体目标和规划结合起来，用科学的原理发现人才，有效地开发和使用人力资源。在适当的组织结构、文化结构和知识结构下，改善人力资源开发环境，改善图书馆员的薪酬和工作条件，营造轻松和谐的工作氛围融洽的人际关系，创造良好的环境。

6. 实施考核，开发图书馆人力资源的潜能

图书馆评估是指图书馆使用学术方法来验证图书馆员的地位、诚信和态度的过程。心理素质、工作技能、专业水平、知识素质等表现在工作中，它们是考核最主要的内容，目的是提高馆员的工作效率。通过考核发现图书馆员的错误和原因，然后提供反馈并与他们沟通，以帮助图书馆员发现不足并进行改进。同时，可以在评估中发现具有潜在能力的图书馆员，促进图书馆人力资源的发展，进一步提高其绩效。

7. 实施设计，开发图书馆人力资源职业生涯规划

职业也称为职业发展，描述了一个人从设定职业目标到专业学习再到工作的过程。职业对大多数人来说非常重要。对于一个组织来说，职业设计意味着适应外部环境的变化，确保具有适当资格和经验的图书馆员在需要时可以工作，并证明图书馆员的承诺和忠诚。对于图书馆员来说，就是在整个职业生涯中不断跟上，不断提高自己的技能，拥有一定的能力，并为自己的价值观所接受。因此，有必要根据图书馆每个人的特殊情况，如学习领域、教育背景、兴趣、技能等，为每个人设计一个职业规划、发展方向等，以增加每位馆员的潜力，帮助图书馆员实现广泛发展。

第四章

图书馆参考咨询服务

第一节 图书馆参考咨询及工作要素

一、信息服务和图书馆参考咨询

(一) 信息服务

信息服务涉及社会生活的诸多领域。狭义的信息服务是指对信息进行收集、加工、存储、传递和提供的社会化经营活动。网络时代，人们每时每刻都处于信息的包围之中，面对大量无序的信息资源，人们往往手足无措。而去粗取精、迅速准确地找到所需要的信息，就是信息服务的本质。现代社会信息服务具有十分丰富的内涵，它可以理解为以用户的信息需求为依据，围绕用户面向用户开展的一切服务性活动。当前的信息服务，无论是在内容上、形式上，还是在服务的广度和深度上，都发生了天翻地覆的变化。随着社会的不断进步，信息服务的规模和效益对社会发展的影响将越来越大。我国的信息服务经过长期的发展，已经形成了一个多层次的，包括科技、经济、文化、新闻、管理等各类信息在内的，面向各类用户，以满足专业人员多方面信息需求为目的的社会服务网络。在整体服务网络中，各类信息服务部门既分工又协调，开展各具特色的服务工作。

1. 信息服务的特征

从综合角度看，信息服务的特征主要有：①社会性。信息服务的社会性不仅体现在信息的社会产生、传递与利用方面，而且体现在信息服务的社会价值和效益上，决定了信息服务的社会规范。②知识性。信息服务是一种知识密集型服务，不仅要求服务人员具有综合知识素质，而且要求用户具备相应的知识储备，只有在用户的知识与信息相匹配时，才能有效地利用信息服务。③关联性。信息、信息用户与信息服务之间存在着必然的关联，三者之间的内在联系是组织信息服务的基本依据，也是信息服务组织模式的决定性因素。④时效性。信息服务具有显著的时间效应，这是因为信息只有及时使用才具有价值，过时的信息将失去使用价值，甚至会产生负面影响，因此，信息服务中的信息存在"生命期"问题。⑤指向性。任何信息服务都指向一定的用户和用户的信息活动，正因为如此，才产生了信息服务的定向组织模式。⑥伴随性。信息的产生、传递与利用总是伴随着用户活动而发生，所以信息服务必须按用户的主体活动的内容、目标和任务来组织，以便对用户的活动有所帮助。⑦公用性。除了某些专门服务于单一用户的信息服务机构外，面向大众的公共信息服务部门可以同时为多个用户服务，这也是信息服务区别于其他社会化服务的特征之一。⑧控制性。信息服务是一种置于社会控制之下的社会化服务，因此，信息服务的开展关系社会的运行、管理和服务对象的利益，它要受国家政策的导向和法律的严格约束。

2. 信息服务的体系结构

信息服务的对象十分广泛，不同类型的信息服务构成了信息服务的体系。按照不同的分类标准可以对信息服务进行不同的分类。一般来说，基于国内目前的情况，大致可以按照以下几个方面进行分类。

按照信息服务所提供的信息类型分为实物信息服务（向用户提供产品样本、试验材料等实物，供用户分析、参考、借鉴）、交往信息服务（也称口头信息服务，通过"信息发布会"等活动向用户提供他们所需要的有关信息）、文献信息服务（根据用户需求，为其提供文献，包括传统的印刷型文献和电子文献）、数据信息服务（向用户提供所需要的各种数据，供其使用）。

按信息服务所提供的文献信息加工深度分为一次文献服务（向用户提供原始文献或其他信息）、二次文献服务（是指将原始文献信息通过收集、整理、加工成反映其线索的目录、题录、文摘、索引等中间产物，从而向用户提供查找文献信息线索的一种服务）、三次文献服务（是指对原始文献信息进行研究，向用户提供文献信息研究结果的一种服务，它包括"综述文献"服务、文献评价服务等）。

按信息服务内容分为科技信息服务、经济信息服务、法规信息服务、技术经济信息服务、军事信息服务、流通信息服务等。这些信息服务一般按用户要求进行，具有专业领域明确、形式固定的特点。

按信息服务方式分为宣传报道服务、文献借阅服务、文献复制服务、文献代译服务、专项委托服务、信息检索服务、咨询服务、研究预测服务等。

按信息服务手段分为传统信息服务（是指通过信息工作人员的智力劳动所进行的信息服务，如利用书本式检索工具书提供检索服务）、电子信息服务（是指借助于计算机和网络系统开展的信息服务）。

按服务用户范围分为单向信息服务（面向单一用户所进行的针对性很强的服务）、多向信息服务（面向众多用户在一定范围内进行的信息服务）。

按信息服务时间长短分为长期信息服务、即时信息服务。按信息服务范围分为内部信息服务、外部信息服务。

按信息服务的能动性分为被动信息服务、主动信息服务。

另外，按信息服务收费方式分为无偿信息服务、有偿信息服务。

（二）信息服务的内容

信息服务应该包含如下几个内容。

1. 信息资源开发服务

这是信息服务的基本工作，也是信息收集、加工、标引等各项工作的目的所在。人类要进步，社会要发展，都必须重视信息资源的开发工作。许多看似没什么价值的原始材料，一经收集、整理和加工，往往会价值倍增，这就是信息资源开发的意义所在。

信息传递与交流服务。交流与传递是信息的重要特征之一，因为信息只有进行交流与传递，才会使世界各国能够同时分享科学技术发展所带来的胜利果实。如果信息不进行传递与交流，则信息就会失去其存在的价值，更不能发挥其应有的作用。

2. 信息加工与发布服务

对用户来说，不是所有信息都是可以直接利用的，"信息泛滥"早已是信息社会一个不争的事实。要做好信息服务，其中一项重要工作就是对信息进行加工整理，并将加工后的信息予以及时发布方能发挥信息的作用。图书馆对信息进行收集、加工、整理，其目的是提供给用户使用。通过用户对信息的利用，解决用户生产、生活、学习中遇到的问题，从而推动社会的发展和进步。

用户信息活动的组织与信息保障服务。信息用户，由于其学历、职称、知识结构、文化素养、兴趣爱好等的不同，因此其把握信息、利用信息的能力也就参差不齐，图书馆应积极开展用户信息活动的组织和信息保障服务，帮助他们更好、更准确地掌握信息，利用信息。

（三）信息服务的要求

信息资源开发的广泛性。信息服务需在充分开发信息资源的基础上进行，只有这样，才能保证向用户提供的信息没有重大遗漏。为此，在信息服务工作中首先要注重用户需求调研，尽可能地吸收用户参与工作。

信息服务的充分性。充分性是指充分利用各种条件和一切可能的设备，组织用户服务工作。同时充分掌握用户需求、工作情况等，以确保所提供的信息范围适当、内容完整。

信息服务的及时性。及时性的含义包括两个方面：一是接待用户和接受用户的服务课题要及时；二是所提供的信息要及时，尽可能使用户以最快的速度得到他们所需要的最新信息。为了实现这一目标，必须保证有畅通的信息获取渠道和用户联系渠道。

信息服务的精练性。信息服务中一个至关重要的问题就是向用户提供的信息要精，要能解决问题，即向用户提供关键性信息。要达到这个要求，就必须提高信息服务人员的业务素质，信息服务人员必须在信息服务工作中加强信息分析与研究工作，开展专项服务工作，努力提高专业性信息服务的质量。

信息提供的准确性。准确性是信息服务的基本要求，不准确的信息对于用户来说，不仅无益，而且有害，它将导致用户决策的失误，造成损失。信息服务的准确性，不仅要求收集信息要准确，而且要避免信息传递中的失真；同时对信息的判断要准确，做出的结论要正确、可靠。

信息服务收费的合理性。随着市场经济的发展，许多无偿服务已经向有偿服务或部分有偿的服务发展。信息服务也无例外。目前，大多数信息服务都是有偿服务，但是从用户角度看，支付服务费用就应当确保一定的投入产出效益。这就要求在服务管理上要有科学性，同时注意信息服务的高智能特征，在国家政策指导下制定合理的收费标准。

（四）图书馆参考咨询服务概述

随着社会信息化程度的不断提高，图书馆信息服务的内容不断丰富、方式日渐多样。在网络环境下，参考咨询服务呈现诸多新特点，为参考咨询服务注入了新的内涵，出现了"网络参考咨询""虚拟参考咨询""实时参考咨询""合作式数字参考咨询"等概念。从上述说法中可以看出，参考咨询的内涵、外延，在不同的时代、不同的国家有着不同的理解和表述。目前，我国图书情报界对参考咨询的定义一般采用《中国大百科全书》的提法，即参考咨询是图书馆为读者或用户利用文献和查询资料提供帮助的一系列工作，以协助检索、解答咨询和文献研究等方式向用户提供事实、数据、文献线索和研究报告，是图书馆开发信息资源的重要手段。在有些国家，图书馆参考咨询服务甚至还包括解答读者对生活问题的咨询。简单地讲，参考咨询就是信息咨询，是图书馆员为读者（用户）利用文献和寻求知识、情报方面提供帮助的活动。随着社会信息化和图书馆信息服务社会化，高层次的参考咨询服务已开始转移到以文献信息的深层次开发与智力的充分发挥为重心，运用现代化技术手段与科学方法为用户提供知识、信息、经验、方法与策略的服务。

参考咨询工作既具有其他读者服务工作所共有的属性，也有其自身特殊的个性。参考咨询工作从最初的一般的"帮助读者"发展到当代的"情报（信息）服务"，已成为读者服务中最为活跃的内容，并表现出以下一些特点。

1. 服务性

所谓"服务性"，即参考咨询工作从本质上说是一种知识信息服务。图书馆业务工作内容广泛、环节众多，但同时又是一个由一系列相互联系的工作环节组成的有机整体。其工作一般包括藏书建设与读者工作两大体系。参考咨询工作属于读者服务工作范畴，而读者服务工作岗位作为图书馆的一线岗位，是图书馆直接为读者提供各种服务的窗口。图书馆本身是一个文献信息服务机构，其自身的服务性也正是通过图书馆整体业务活动来体现的。参考咨询服务作为图书馆开展服务的一种重要方式，是图书馆传统读者服务工作的延伸和发展。

2. 针对性

从参考咨询服务的目的来看，它具有很强的针对性。参考咨询主要针对读者的学习、工作与生活中所遇到的问题，提供文献信息服务，以满足读者越来越个性化的服务需求。读者需求是开展咨询服务的前提，没有读者需求，也就没有图书馆的咨询服务，所以调查了解读者的信息需求是开展参考咨询服务的基础。各类型、各层次的图书馆的服务对象是不同的，参考咨询应根据图书馆的方针和任务开展读者需求调查研究，以分清工作的轻重缓急，明确服务重点。比如，公共图书馆担负着为所在地区的党政机关和有关的企事业单位服务的任务，参考咨询的重点是为政府决策和经济建设服务；科研单位图书馆主要为本系统科研工作及领导决策服务，参考咨询的服务内容专业性很强。

3. 实用性

尽管各类型图书馆参考咨询工作的任务各不相同，但总体而言，参考咨询服务的出发点和归宿都是为了满足社会需要，解决用户（读者）在生活、工作和学习中遇到的实际问题。如科研图书馆为科研、教学服务，公共图书馆开展社区服务以及为领导决策和企业发展提供咨询服务。

从参考咨询工作的效果来看，具有一定的实用性。首先，读者在实际生活、工作和学习中，必然会碰到各种各样的问题，则参考咨询馆员就能帮助读者获取资料和利用图书馆资源，为读者查找资料节约大量时间。其次，参考咨询服务还有利于深入开发文献资源，提高文献资源的利用率，为科技人员、领导决策和企业发展提供丰富的文献资源和动态信息。例如，随着图书馆情报职能的增强和现代化技术的应用，图书馆从优化资源配置、提高服务质量、方便读者等方面入手，立足实用参与社会情报服务，为社会提供实用易得的经济信息服务。参考咨询服务突出体现了图书馆的情报职能与教育职能，它所表现出来的工作水平与开发能力反映了图书馆服务质量的优劣,参考咨询工作的社会价值体现在工作效率、社会效率和为经济建设服务的效益等方面。

4. 多样性

从参考咨询的内容和形式来看,参考咨询呈现出多样性的特点。首先,读者咨询的问题多种多样。有来自社会各个部门的咨询问题,也有涉及学科领域的专业问题;有综合性的咨询,也有专题性的咨询;有文献信息咨询,也有非文献信息咨询。当然,并非读者提出的一切问题,图书馆都应给予解答,只有属于图书馆服务范围外的问题,才是参考咨询的服务内容。其次,参考咨询形式多样化。从读者提问的形式看,有到馆咨询、电话咨询、信件咨询、网络咨询等多种形式;从馆员对具体问题所采取的方式看,有文献检索方法辅导、提供查找文献线索、提供原文、定期提供最新资料、提供专题研究报告等。

5. 智力性

从参考咨询所需的技术来说,它属于一种知识密集型的智力劳动。参考咨询工作是图书馆员与读者之间进行的知识信息的传递、交流与反馈的智力运动过程。例如,加拿大公共政策研究所所长就用"催化剂、合成器和播种机"的比喻,形象地概括了咨询活动的高智能特性。参考咨询服务往往涉及研究性、探索性的工作,如综述、述评、专题研究报告、动态分析、社会预测报告等,这些工作也是一种智能化的科学劳动,它要求参考馆员具有广博的知识和较强的综合分析能力,否则是不可能胜任这种智力劳动的。例如,一些大型图书馆设有专门的情报研究室为政府、企业、科研机构人员提供辅助决策服务。当今,图书馆一般都设立了专门的部门并安排专门的工作人员,从事定题跟踪服务,专题文献调研,编制专题文献书目、文摘、论文索引或特定的资料汇编等工作。

图书馆参考咨询服务不像外借流通服务那样直接简单地为读者提供原始文献,在解答读者咨询问题中,除少数的咨询问题可以仅凭借图书馆工作人员的知识和经验就能立即回答外,大部分问题都要通过将对文献的检索、加工、整理、分析、研究等活动结合起来,以文献查找、选择与利用为依据,向读者提供具体的文献、文献知识和文献检索途径才能解决。它是一种复杂的、学术性较强的、对服务人员素质要求较高的服务方式。

6. 社会性

"社会性"是指参考咨询工作是一种开放性的服务系统,与社会息息相通。参考咨询服务以协助检索、解答咨询、专题文献报道、情报检索服务等方式向读者提供其所需的文献和情报信息。随着信息社会的发展和计算机技术、通信技术、数据技术、网络技术等现代信息技术在图书馆的广泛应用,参考咨询服务的社会化程度日益加深,服务的范围进一步扩大。网络技术的应用消除了地域界线,使图书馆的服务对象不再局限于馆内读者,而是扩大到网络终端的每一个用户。网络的日益普及，也使得图书馆成为网络中的一员和共享资源的一部分。

图书馆是信息产业的有机组成部分，其社会职能主要是保存人类文化遗产、开展社会教育、传递科学信息和开发智力资源。参考咨询服务是一种开放性的社会服务系统。首先，咨询服务对象具有鲜明的社会性。参考咨询服务就是图书馆运用各种方法帮助读者解答在科研和生产中需要查阅文献资料而出现的疑难问题，为读者提供所需的文献和情报。随着社会信息化程度的不断提高及图书馆服务观念的转变，参考咨询服务的社会化程度日益加深，服务对象与范围进一步扩大。尤其是在开展了合作咨询和网上咨询服务以后，其服务对象已不再限于馆内读者，本社区乃至跨地区、跨国界的有关用户都可能成为服务对象。其次，咨询队伍具有鲜明的社会性。由于科学技术的发展，科学知识与信息资源急剧增长，光靠一个图书馆的力量已无法单独完成各种资源库的建设及解答各种咨询问题，更谈不上对各种咨询软件的研制与开发。知识与资源的共建共享势在必行，咨询队伍建设的协作化与社会化进一步发展，出现了跨地区、跨国界的合作咨询。最后，咨询服务内容具有社会性。随着图书馆日益融入社会信息化的浪潮之中，参考咨询服务的内容也由过去以学科咨询，专业咨询为主转向为广大用户提供涵盖学习、生活、工作等方面的各类社会化信息，以最大限度地满足用户日益增长的信息需求。

由于用户信息需求具有多元化和个性化的特点，图书馆参考咨询服务的内容也从以学科咨询、专业咨询为主逐渐转向为广大用户提供遍及政治、经济、社会文化以及个人爱好等方面的各类社会化信息。这种新的态势使得单靠一个图书馆的力量有时很难回答用户所咨询的问题，必须借助外部力量，以共同应对综合性课题的解答任务。因此，无论是咨询队伍还是服务对象，都具有鲜明的社会性特点。

二、图书馆参考咨询工作要素

参考咨询工作的开展涉及多个方面的因素，如咨询台、咨询人员、参考文献源、咨询内容、咨询模式等。各个因素相互依赖、相互作用，共同形成参考咨询工作体系。因此，采用系统的观点来分析参考咨询体系的构成要素，明确构建原则，合理配置各项咨询要素，规范工作模式，将有助于提高参考咨询工作的效率和质量。

要构建合理有效的图书馆参考咨询体系，首先必须明确其构成要素。参考咨询体系的构成要素很多，主要包括以下几个方面。

（一）咨询对象

不同的图书馆具有不同的任务、不同的用户群体，参考咨询工作应根据图书馆的根本任务，分析用户群体的构成、需求特点，确定参考咨询服务的对象。

（二）服务内容

在用户需求分析的基础上确定参考咨询工作的服务内容和服务形式。目前，图书馆提供的咨询内容丰富多彩，形式多种多样。在服务内容上，有针对图书馆的基本情况的问题，如馆室结构、藏书布局、机构设置、服务项目（包括基础服务和扩展服务）、开放时间、规章制度等方面的一般性问题，也有比较专深的检索类问题，还有各种宣传活动和专题讲座等，如各种信息发布、信息资源的宣传、文献检索方法的培训、网络资源导航、观看录像、组织实地参观、文件传输（FTP）和视频点播（VOD）服务、学术讲座、专题展览等。此外，文献资源的数字化建设和专题数据库建设也是参考咨询的重要内容。在服务形式上，馆员与用户互动，有面对面的交流、通信、电话、传真、E-mail、虚拟咨询台等。各馆面对的用户群体不同，其信息需求也不同，参考咨询服务的内容应根据用户的实际需求进行选择。

（三）参考咨询员

参考咨询员是咨询的主体，是整个咨询体系中最活跃和最具决定性的因素。一般大型图书馆都设立专门的咨询部门，配备专职的参考咨询员，开展各种咨询服务。参考咨询员的业务素质和工作态度对咨询的成败和质量的高低具有决定性的影响，因此，选择优秀的参考咨询员是咨询工作成功的关键。

（四）参考信息源

参考信息源是开展参考咨询工作所必备的各种常用文献资源，包括各类检索工具书和电子资源。对于一些简单的常规性问题，咨询人员通常可以凭借自己的知识和经验即可即时解答，但是对于比较复杂和专深的问题，咨询人员则必须借助一定的咨询信息源才能作出解答。这些咨询信息源通常包括各种工具书和数据库，但在必要时还需综合运用多种文献信息资源。即使是针对用户在利用图书馆场所、设施和组织策划服务中提出的咨询问题，有时也需要一些特殊的咨询信息源，例如，有关该项服务的介绍资料、服务制度和规定、设施设备的使用说明、成功案例资料、合同样稿、多媒体演示系统等。

（五）参考咨询平台

参考咨询工作要有一定的场所、设施和其他技术手段来支持，它们的总体可以视为一个参考咨询平台。参考咨询平台包括参考咨询服务台、参考工具书、电话、电脑、打印及网络设备、文献资源数据库等。图书馆一般在馆内设置总咨询台，并配备专职或兼职的总咨询员。总咨询员应对全馆的基本情况和各业务部门的服务内容和程序都有比较深入的了解，并且最好能够熟练使用各种工具书、熟悉本馆目录系统和常用数据库的基本检索方法，以备用户对这些问题的咨询。

（六）咨询规范

咨询规范规定了开展咨询工作的方法、程序和制度。咨询规范的内容主要包括咨询服务管理办法、咨询受理和服务程序、用户咨询须知、咨询服务公约、咨询收费标准、咨询合同和咨询报告的标准文本格式、咨询档案和咨询统计管理制度以及图书馆的相关规章制度和国家的相关法律法规（如《科学技术保密规定》）等。对于一些特殊性质的咨询工作，还必须遵守国家有关的专门规范，例如，科技查新咨询就必须严格执行科技部制定的《科技查新规范》等文件的规定，建立一套完善的咨询规范体系，对咨询工作进行规范化管理，这是提高咨询服务水平的重要保证。

第二节 公共图书馆参考咨询服务体系与档案收集

一、公共图书馆参考咨询服务体系的构建

公共图书馆中的藏书资源及软硬件设备较多，同时还配备专业化的决策咨询人员，充分体现了公共图书馆的优势。图书馆在长期的建立和发展下，在资源服务手段、平台、人才和资源建设等方面都已经取得了显著的成就，但是构建的决策自选服务开展不深入，提供的信息不齐全，导致很多商业性咨询机构、学术信息团体开始进入市场中发展，图书馆开始面临严重的危机，必须快速构建其参考咨询服务体系，发挥公共图书馆的作用，满足人们的需求。

（一）公共图书馆参考咨询服务体系的特征和模式

1. 公共图书馆参考咨询服务体系的特征

（1）服务对象具有针对性

公共图书馆参考咨询服务体系主要为各级党政机关及相关学术机构提供服务。政府机关主要体现在决策职能方面，如果公共图书馆提供的参考出现错误，就会给社会与政府部门造成巨大损失，严重时还会影响人们的正常生活。随着社会环境的变化，政府决策问题

开始向多样化发展，进行的决策不能仅仅依赖决策者主观经验进行判断，必须参考相关机构和单位提供的决策建议，提高决策的针对性。

（2）知识服务系统性特征

决策咨询服务就是以知识服务满足人们的实际需求，是一种新型服务模式，主要利用"信息服务"满足人们需求，工作更为系统，可以从用户需求方面筛选信息，形成系统化决策信息。

（3）信息"时效性"特征

在高效率信息时代只有保证信息的时效性，才能满足信息需求，保证给决策人员提供的信息具有前瞻性，可以在一段时间内发挥作用。

（4）提供的决策咨询信息必须可靠

现阶段，信息资源来源面越来越广，各类信息鱼龙混杂，为了提高决策的质量，必须对公共图书馆所有信息进行筛选，确保信息的真实性。

2. 公共图书馆参考咨询服务体系的模式

图书馆决策服务模式从单一化向多元化发展。

（1）传统参考咨询服务模式

馆员与用户交流时主要采取电话和面对面咨询。面对面咨询方式出现得较早，可以让馆员给图书馆外部用户提供信息服务，优点是交流方便，但会出现信息延误问题。电话咨询是用户不能亲临图书馆进行的参考咨询服务，特点是应用较广，但必须有相关软件支持。

（2）虚拟决策咨询服务模式

虚拟决策咨询服务模式可以借助网络或计算机技术实现。一种实现方式是利用电子邮件链接，图书馆在网站上设置电子邮件链接，用户直接与专业决策人员进行交流获得沟通。另一种是建立虚拟参考咨询，主要进行视频咨询、在线咨询和同步浏览咨询。最后一种是常见问题解答，主要进行图书馆服务流程、专题检索和查找资料。

（二）公共图书馆考察咨询服务

环境信息资源、技术平台和人员是保证公共图书馆决策咨询服务实现的主要环境。

1. 实现信息资源数字化

按照资源类型可以将信息资源分为纸质资源和数字化资源，实现资源数字化可以借助知识库构建方式完成，根据图书馆实际建立状况实现，保证信息的及时性和全面性。纸质资源可以利用购买等方式实现。

2. 技术平台实现共享化

技术平台必须满足以下几方面条件：一方面，实现用户与用户之间的网络交互，构建虚拟交流情境，给用户提供电子期刊和网络数据服务。另一方面，方便快捷。借助专业参考迅速检索相关信息资源，分类并整理信息，给用户提供准确决策。最后一方面，实现公共图书馆与国家馆的合作，提供专业技术支持，各个馆共同开展考察咨询服务。

3. 技术人员专业化

技术人员主要是指进行专业服务的参考咨询员，这些人员必须具备熟悉馆内图书资源信息的能力，可以快速帮助用户检索到相关资源，分类、整理并形成系统化决策产品；掌握先进的技术和操作水平，完成馆内虚拟对话，掌握各种信息资源处理方法，促进参考咨询工作的开展；保持不断学习，及时更新操作方式和观念，符合时代发展要求。

（三）构建公共图书馆参考咨询服务体系

1. 资源建设

进行资源建设时，主要进行网络信息资源、图书馆信息资源和其他信息资源建设。根据图书馆自身特色充分挖掘符合时代发展、具有特色的资源，给公共图书馆提供服务，并与其他图书馆加强联系，实现图书馆的共享，避免出现重复建设。进行网络资源建设时，必须合理配置资源，利用资源整合和优化方式发挥资源的作用。一般公共图书馆主要利用招标采购、自己购置及自建数据库等方式提高数据库信息质量，满足用户多渠道信息需求。还可以利用信息资源整合，形成统一标准，统一检索和统一界面，提高信息资源整合率。

2. 技术应用

利用技术可以保证参考咨询工作的开展，还可以保证决策质量，提高了工作效率。第一，使用导航数据库技术，让专业决策资源借助网上链接查询与决策相关的信息，并及时向用户公布连接网址，让用户进行检索并得到自己想要的信息资源。第二，使用数据库挖掘技术，专业决策人员可以借助网络与相关决策者进行有效知识的挖掘，并根据知识内容完成知识的二次构建，方便用户查找信息。第三，使用搜索引擎技术建立搜索数据库，帮助决策人员快速找到决策信息。同时还可以将多种先进的技术手段应用到决策信息查找中，促进参考咨询服务工作的开展。

3. 加强人才建设

图书馆人员不仅要具有先进的现代化技术，同时还要掌握图书馆检索技能，具备相关领域的知识，给参考员队伍建设提供保证，同时积极做好公共图书馆人员引进和培养工作。首先，根据图书馆发展需求不断引进先进的专业化人才，优化人员队伍；其次，完成人员队伍结构，建立合理的人才培养规划，鼓励图书馆人员树立终身学习理念，利用多种方式加强学习。

4. 建立反馈评估

图书馆反馈评估主要包括以下两部分内容：第一，"服务结果"。根据服务结果判断提供的服务是否可以满足人们的信息需求，并对信息全面具体和准确性进行评定。第二，"服务过程"。主要衡量用户是否对服务中涉及的相关因素满意，可以从服务态度、服务友好等方面进行评定。只有正确认识并看淡决策反馈工作，才能提高服务质量，减少服务信息滞后问题。

(四) 公共图书馆决策咨询服务体系建设的服务分析

1. 多元化与主动性结合服务

当前图书馆信息资源与载体都已经发生了巨大变化，开始向多元化发展，咨询方式也开始呈现出多元化发展特征。这些特征都表示了咨询服务工作的创造性。实施主动性无误可以促进公共图书馆参考服务向新局面发展。同时还可以利用自身优势，积极整合资源。

2. 一对多与个性化服务

图书馆服务现阶段已经开始从一对一向一对多发展，提高了图书馆参考的广度和深度。为了更好地满足用户对决策信息的期待，可以实施个性化信息服务，让用户全面地获得所需信息。所以，图书馆实施"一对多服务"中，必须落实个性化服务，构建多样化信息服务环境，让用户得到个性化服务。

图书馆承担着给各级党政机关提供参考咨询服务的任务，在新时期下，必须利用信息技术和资源构建技术化平台，利用专业化决策给用户提供多样化、个性化的服务，打破传统服务模式的困境，构建科学化决策咨询体系，促进公共图书馆的建设和发展。

二、公共图书馆参考咨询档案收集与管理优化

参考咨询是图书馆员为读者在利用文献和找寻知识、情报过程中提供帮助的活动。以协助检索、解答咨询和专题文献报道等方式向读者提供事实、数据和文献线索。参考咨询工作作为图书馆业务的核心部分，其直接代表着图书馆读者服务的发展方向。参考咨询档案指的是图书馆参考咨询工作原始记录的各种资料，包括咨询内容的学科范围、查找路径和方法、检索的主题和关键词、资料来源（含数据库、馆藏资料、网络资源等）及检索结

果等信息。作为一种文献档案,参考咨询档案本身蕴藏着极为宝贵的资源,加强图书馆参考咨询档案的收集与整理有利于图书馆工作的开展。美国是现代图书馆参考咨询工作的发源地,从19世纪末开始,许多美国图书馆便非常重视参考咨询资料的积累。参考咨询档案管理工作对图书馆咨询工作的影响巨大,然而,在我国,因为各方面原因,图书馆参考咨询档案收集与管理工作仍然存在一些不足,如何改善这些不足,为广大用户提供更好的信息服务,是值得我们认真思考和解决的一个重要课题。

(一) 加强参考咨询档案认知

要想加强图书馆参考咨询档案收集与管理工作,必须从思想层面加强参考咨询档案的认知,在图书馆内部树立参考咨询档案存档意识与良好习惯。这就需要各个图书馆基于自身实际情况,在内部建立一套行之有效的参考咨询档案管理体系,从而有效保障参考咨询档案的安全性与完整性,保障参考咨询档案收集与管理工作得到有效落实。

(二) 提升参考咨询档案信息化水平

随着计算机技术在图书馆的普及与应用,越来越多的图书馆开始利用计算机对参考咨询档案进行科学管理。要利用计算机管理咨询档案,首先,要选择一个好的咨询业务应用软件,要求系统功能通用性好,数据结构规范,能联网运行。其次,要自建一个咨询档案数据库,将参考咨询档案的材料进行数字化处理,对解决咨询问题所产生的信息资源进行合理整序,按类别存储。最后,将了解到的读者常见的、共性的问题及答案汇总整理,并建成一个知识咨询库。比如,图书馆档案管理部门可以尝试选择软件企业设计针对性的档案管理软件,并设计相应的档案数据库,在数据库中形成具有自身特色的馆藏档案资料,类似参考咨询工具书、咨询业务培训教材以及图书馆服务宣传手册等相关内容,以此来帮助图书馆提升公众服务形象。

(三) 建立规范化的流程管理

参考咨询档案只有在形成以后才完全进入真正意义层面的档案管理阶段。为有效解决当前参考咨询档案馆管理流程不规范的现状,使得参考咨询档案在各个生命周期的价值得以有效发挥,图书馆必须建立规范化的流程管理,主要包括以下几个环节:

1. 入档流程

图书馆每一项参考咨询业务相关材料都必须安排该项业务负责人来进行收集与整理,等到参考咨询业务完成以后再把对应材料交给档案管理人员。档案管理人员则根据规章制度进行清点与验收，进行档案登记表填写，最后双方签字确认。

2. 审核流程

图书馆档案管理部门需要定期针对参考咨询档案开展查漏补缺。首先，必须高度重视归档资料的原始性，防止部分档案管理人员为应付工作采用凭借记忆补写的方式归档材料。其次，针对参考咨询档案进行查漏补缺，能够在第一时间进行有保存价值材料的补充。

3. 调用流程

参考咨询档案本身的不同，其保密要求也存在一定的差异性，因此在调用的时候必须要严格根据保密级别进行管理。针对一般的参考咨询档案可以采用适当公开的方式，使得广大用户能够利用档案数据库直接检索对应的电子版。针对科技查新类型的参考咨询档案，因其具有极高的保密级别，一般五年内都不允许外借，五年前的档案资料则需要通过相关负责人签字批准，进行调用手续以后才能够调用，并且在归还的时候必须进行细致、全面的检查，进一步保障档案资料的完整性。

（四）加大档案管理队伍培训力度

要想保障图书馆参考咨询档案管理工作的质量，就必须提升档案管理队伍的综合素质，解决当前基层以兼职人员为主的状况，这就需要图书馆加大档案管理队伍培训力度，主动做好以下两个方面的工作：一方面，加大档案管理队伍的继续教育力度，通过主动开展多种类型的教育形式，包括讲座、委培、自学、同行交流等形式，积极进行参考咨询服务知识、档案管理专业知识、信息化专业知识的培训，全面提升档案管理队伍的专业水平、信息化水平。

另一方面，图书馆参考咨询档案收集与管理工作是一项系统、全面的工程，需要针对当前工作中存在的不足进行系统的分析，制定有针对性的解决策略，做好图书馆参考咨询档案的收集与管理工作，开展特色化的信息咨询服务，促进图书馆参考咨询事业的发展，满足读者多元化、高层次的需求，更好地为社会服务。

第三节 从传统参考咨询服务到信息咨询服务的转型

近几年，随着人们对精神生活的重视，图书馆各个层次的参考服务质量也就逐渐提升。传统的参考咨询服务，由于信息的内容不够丰富，设备和技术的规格也不够完善，服务的方式也相对落后，难以满足读者以及广大受众的需求。因此需要相关部门加强对参考咨询服务的重视，抓住读者需求的变化和敏感性，逐渐丰富服务的内容，拓宽服务领域，使信息咨询服务的模式逐渐多样化，从而促进图书馆的未来发展。

一、传统参考咨询服务与信息咨询服务的概念

（一）传统参考咨询服务

传统参考咨询服务具体是指在图书馆管理工作中直接负责帮助读者寻找需要的资料，并利用图书馆资源参与学习，读者和广大的群众能够在海量的信息中提取到有用的信息，从而完成研究工作。

（二）信息咨询服务

所谓信息咨询服务是指在数字媒体网络之下，图书馆的管理员能够通过网络直接面对读者，帮助读者寻找其要找的资料，并充分利用馆内的网络信息资源、数字图书馆资源等等，解决实际的问题，也可以称为数字参考资源或者虚拟参考资源等，是20世纪90年代之后才产生和发展的，并结合传统的参考咨询服务模式，利用在线客服在电子商务中的直接经验，通过参考咨询的平台，其中包括网络数字论坛、在线的聊天和互动以及专家服务咨询等模式，满足读者对信息的各项需求，从而形成一个完善的数据资源库，不仅方便读者的在线查询和访问，节省时间，也提升整个资源的利用效率。

二、传统参考咨询服务与信息咨询服务的比较

（一）参考咨询的主要内容

传统参考咨询的主要内容包括参考实际的工作以及解答咨询等两个方面的内容，延伸来讲，还将辅导读者、对用户的教育和培训、图书馆内的交流和借阅，以及对参考咨询的评价都纳入传统参考咨询服务的范畴当中。传统参考咨询服务的内容相对丰富，一般会分为对于具体书目的参考以及咨询解答两个方面的内容，同时将其概括为三种类型，指导性参考咨询、专题性参考咨询以及适时性参考咨询等。信息咨询服务是将参考咨询的内容发布到网络平台，借助计算机网络技术，将图书馆的介绍、各类图书的目录、专题性的解答以及整个数据库资源呈现在网络平台之上，帮助读者以及广大群众能够合理选择受众，进行远程的信息检索和互动，随时关注信息的更新和流动，能够第一时间找到适合自己并对自己有用的信息，从而扩大整个咨询服务的范围，使服务的质量能够更上一层楼。

（二）参考咨询服务的手段

传统参考咨询服务以手工的检索为主要手段，图书馆的工作人员通过翻阅参考的文献和工具书等方式，帮助读者解决信息咨询等方面的问题，再手工抄写形成固定的参考资料。这种传统的参考咨询服务模式，需要图书馆里人员利用大量的时间处理这些琐事，工作效率低，读者一般采取当面咨询、电话咨询、专家咨询以及函询等方式。信息咨询服务是利用网络计算机技术，由手工的操作向智能化转变。读者可以不必到达图书馆，通过电子邮件、在主页上留言以及关注微信、微博平台等方式就能直接咨询到有用的信息。图书馆通过多途径录入人声和图像，能够形成庞大而具体的数据库资源，用户可以在其中检索到需要的信息。同时随着网络技术的不断革新现代图书机构不仅能够为读者提供完整的数据单元，而且能够通过一定的付费等手段，实现全文阅读，咨询的结果也更加贴近读者的需求，从而不断优化咨询服务的效率。

（三）参考咨询服务的对象

传统参考咨询服务的对象具有一定的局限性，大多只是对图书馆的内部读者开放，馆外的用户以及读者很少来咨询，因此各种类型的图书馆之间缺乏必要的联系，咨询提问的形式也相对单一，不够具体，数量也不多。传统的模式主要是面对面交流，往往也会受到图书馆工作人员的素质的限制，同时也会受到时间和地域的影响。信息咨询的服务对象随着网络技术的发展已经推广至全球，一个读者或是用户能够同时利用多个图书馆数据进行服务咨询，不会受到时间、空间、地域以及人群的限制，同时咨询提问的方式也逐渐拓宽，数量也就随之提升，不设上限。问题解决得及时、准确。一方面，能够提升整个图书馆信息咨询服务的质量，但另一方面，一切咨询的流程全部在虚拟的情境下完成，人员之间缺乏交流和沟通，一些问题的咨询很难得到真正专家的解答，因此也会在一定程度上影响咨询的效果。

（四）对参考咨询服务人员的要求

传统的参考咨询服务对于工作人员的要求十分严格，需要其具备丰富的阅历和知识，并具有一定的经验。从具体的知识结构来看，需要图书馆的工作人员具备一定的目录知识以及文献基础知识，并且随着时代的发展，需要不断地变化和更新。具体来说，需要图书馆咨询人员具备良好的责任意识和信息意识，能够掌握基本的现代信息技术；需要有良好的沟通能力，能够在实际的人际交往中对答如流；能够敏锐地发现参考服务过程中存在的一些问题，并及时上报改进；需要有一定的组织能力和反应能力，同时需要认真倾听读者和群众的反馈和咨询，作答时一定要实事求是，不能虚构事实。信息咨询服务依托现代信息技术，大量的信息咨询都是在网络上完成，只需要图书馆的管理人员输入一定的技术编码，计算机就能够根据读者实际的需求和咨询做出相应的答案，因此并不要需要耗费大量的人力资源，对工作人员素质的要求并不是很高，具备一定的计算机技术就能完成。

三、向信息咨询服务模式转型的具体措施

（一）建立一个完整的咨询数据库

读者在寻求图书馆员帮助之前，先在数据库中搜索想要咨询的问题，如果能够搜寻出结果，那么会省去不少中间环节。因此需要图书管理人员建立一个方便检索的数据资源库，要求界面清晰，问题常见，这也是信息参考咨询中的一个重要组成部分。同时建立一个类似的资源库，图书管理人员也能够以此作为咨询的结果和依据，能够将检索的内容直接复制粘贴在咨询窗口，也省去了一定的时间，减少不必要的工作量，从而为读者提供便利。

（二）建立实时的信息参考服务模式

工作人员可以在图书馆的官方网页上设置实时的信息咨询窗口和链接，读者能够通过点击来与工作人员进行实时互动，从而提升信息咨询的实效性，其中在线聊天是信息咨询参考服务的重要形式，虽然开展这样的实时互动需要一定的人力和费用，但是对读者来说，这样的模式能够更加便于对信息的掌控和搜索。首先，读者可以在家或是办公室就完成对话与图书馆信息的查阅，简单、方便。其次，读者在咨询的过程中比较连贯，不会被电话咨询所打扰。最后，实时信息参考咨询模式也能够促进信息知识的实时共享，工作人员和管理员能够同时浏览同一网页，也方便管理员对读者进行搜索指导，从而更迅速地解决问题。

（三）强化信息网络建设

为了能够使咨询信息更加流通和便捷，需要解决由于网络问题所引发的咨询事故。因为依托信息技术的发展和延伸，建立一个综合性、全方位、多领域的数字化信息网络平台，使读者能够在第一时间搜索到对自己有用的信息，构建一个数字化的参考服务体系，使资源信息能够透明公开，全国各地的读者都能够在数字媒体中找到需要的信息，从而提升整个社会的工作效率。

(四) 加强对于信息咨询参考的教育和普及功能

在网络环境的背景之下，面对复杂多变的信息资源，应该如何利用技术手段，减少读者检索的难度，提升整个信息咨询服务的质量，是图书馆管理人员需要考虑的问题。对此，参考咨询部门可以根据实际情况，为图书馆的工作人员甚至是读者，举办专门的讲座和培训班，制作特定的数据库使用指南和用户手册，为读者提供便利，同时也能够使图书馆信息咨询服务的职能得到有效发挥。

随着网络信息技术的普及和发展，图书馆的发展也需要做到与时俱进，传统的参考咨询服务体系已经不能满足广大读者对信息咨询的需求，因此需要向信息咨询服务模式逐渐转型，建立一个完整的咨询数据库，建立实时的信息参考服务模式，强化信息网络建设，加强对信息咨询参考的教育和普及功能。只有这样，才能满足读者对于信息资源的需求，从而提升图书馆参考咨询服务质量。

四、基于智库理念的图书馆参考咨询服务转型与建设

智库主要由不同学科领域的专业人士构成，功能在于通过深入研究政治、文化、经济等内容，提供具有参考价值的咨询信息或决策依据。从性质方面分析，智库大致分为政府组织、高等院校和企业三类，满足了不同社会领域的咨询决策需求。图书馆是传播文化知识、整合文献资源的枢纽，不仅拥有丰富的文献储备，也拥有汇聚大量参考咨询信息的数据库，可以利用学科专家资源，为不同类型的用户提供多样化服务，如学术研究、参考咨询等。在数字技术应用领域不断拓展的背景下，信息资源的获取和利用更加频繁，也加大了图书馆参考咨询服务的需求。图书馆应该充分发挥自身的优势，通过与多学科专家合作，从智库理念角度探索参考咨询服务的转型方向，不断拓展图书馆的建设领域。

(一) 智库理念对公共图书馆参考咨询服务的影响

1. 形势变化要求公共图书馆强化智库研究

在全球经济文化一体化背景下，各国的信息交流日益密切，由此引发的文化、政治矛盾增多，国际关系处理和公共事务管理中更加重视智库建设，也要求通过智库决策解决复杂的问题。随着信息技术的高速发展，各类数据信息的数量成倍增长，要想提高海量信息处理效率，企业和其他社会机构也迫切要求得到智库支持。加之多元化新媒体工具的应用，使得信息发布更加便捷、及时、准确，为图书馆提供了信息服务的新途径，也对图书馆参考咨询服务提出了更高的要求。互联网时代日益增长的智库建设需求，要求图书馆分析当前激烈的竞争形势，通过多方位研究明确智库建设的目标，以促进参考咨询服务转型。

2. 丰富的馆藏为智库建设提供基础

公共图书馆丰富的馆藏文献资源是开展学科研究的载体，也是构建专业化智库和提供科学决策依据的基本条件。随着我国信息化建设水平的不断提升，各地图书馆相继实现了信息互联，增进了学术交流与信息往来，也促进了图书馆文献资源共享。目前我国很多图书馆建立了专门的门户网站，并且根据馆藏资源门类构建了特色数据库，方便用户根据需求检索、查询学科信息，进一步提升了参考咨询的服务效率。同时互联网环境下图书馆更加注重对数据资源的采集、整合与加工，力求通过深入挖掘海量数据信息，获取更有价值的参考咨询服务内容，这也为构建专业智库奠定了基础。

3. 用户需求变化促使图书馆转变理念

智库理念的形成与发展，不仅改变了公共决策与参考咨询模式，也改变了智库用户的信息获取行为。当前人们可以利用移动网络获取大量信息，图书馆传统的服务功能日益弱化，更多的用户倾向于获取专业化信息，也增加了对智库参考咨询服务的需求。智库用户不仅要求图书馆能够迅速整合大量资源，提供更为准确、真实的参考咨询服务，也要求图书馆及时创新参考咨询服务模式。因此，图书馆作为智库建设的辅助机构，面对新环境下用户需求的新变化，应该立足实际寻求转变发展路径，有针对性地整合资源，为智库建设提供保障，更好地满足智库用户的信息需求，体现图书馆的参考咨询服务价值。

（二）基于智库理念的公共图书馆基本信息服务内容

公共图书馆承担着搜集、传递、整合信息资源的职能，本质上属于特色智库的资源供给机构，在智库研究中具有不可替代的作用。从智库用户需求角度分析，图书馆可以提供的基本信息服务模式包括采集智库成果、个性化信息推送等。

1. 采集智库成果

及时获取丰富、准确的数据信息，对于智库的建设最为关键。近年来，采集全球智库成果，获取更多数据信息也成为图书馆研究的热点。图书馆作为智库的重要支持者，在根据智库用户需求采集文献信息的同时，也要关注对智库成果的收集整理，尤其是及时获取反映社会热点的研究成果，进而满足智库的可持续发展要求。

2. 个性化信息推送

图书馆利用各种信息处理工具，获取并分析不同类型用户的信息习惯、信息行为和信息偏好，并且针对不同用户的特点制定个性化服务方案，提供满足个性化需求的信息服务，这就是个性化信息推送。图书馆以智库用户作为服务对象，根据这些用户的信息需求和个性特征，提供符合其爱好的信息工具、信息获取方式和信息资源。通过信息素养教育，让智库用户掌握馆藏资源分类、布局和内容排列方式，了解不同信息资源的加工处理方法，掌握不同信息系统的使用技巧，可以更好地为智库建设提供支持。此外，图书馆利用信息推送技术，分析智库用户群体的基本特征，建设智库用户需求模型，将图书馆资源与用户需求进行匹配，能够进一步提高信息服务效率。

3. 信息检索与分析

互联网时代信息数据呈指数倍增长，在借助信息技术获取大量信息的同时，也在产生形式多样的信息资源，使得信息环境变得更为复杂。对于智库用户而言，当前并不缺乏获取信息的途径，而是缺乏高效的信息检索、过滤和加工方式。而在智库建设方面，要求建设者了解信息来源，通过分析海量数据获取更多可靠、可用、优质的内容，体现信息资源的利用价值。图书馆员经过专业培训与长期的信息服务实践，拥有丰富的信息加工处理经验，掌握不同数据库的功能、检索方法和逻辑特征，熟悉不同数据资源的分析方法。他们能够为智库建设者提供指导，帮助获取更多有价值的信息，并将大量数据转换为情报和知识，更好地促进智库知识的生成和传播。

（三）基于智库理念的公共图书馆参考咨询服务转型方向

图书馆拥有稳定的人力资源结构、丰富的馆藏，以及多学科专家的智力支持，在智库建设方面具备得天独厚的优势。现阶段图书馆在借助智库理念开展基础服务的同时，要想提升参考咨询服务水平，应该将构建参考咨询智库作为转型方向，以为参考咨询服务提供坚实后盾。

1. 构建参考咨询知识库

图书馆参考咨询知识库是重要的信息储备系统，是参考咨询智库的知识载体，也是图书馆员与用户之间信息交互的纽带，主要包括知识检索平台、用户模块、问答加工处理模块、专家协同模块等。知识检索平台作为优化整合各类信息资源的子系统，能够整合馆藏与网络资源，实现馆藏资源优化，通过获取高度提炼的信息，为用户提供必要的信息服务。其中问答加工处理模块的作用在于记录用户提出的问题与相关解答，自动生成存储于知识库的问答档案，方便用户自行检索浏览。用户模块主要为用户提供信息咨询活动，用户通过信息检索界面登录后，可以与图书馆员在线交流，也可以自行检索问题答案，并结合自身知识储备修改问答档案。专家协同模块包含学科门类、研究领域、服务方式等内容，方便用户选择合适的专家解答疑惑，获取更加专业的指导，也为图书馆智库建设提供了人才保障。

2. 数据库资源的补充完善

图书馆实现馆藏资源信息化的关键，在于构建不同类型的数据库，不断开发、转化各类文献资源，体现自身的特色资源优势。作为参考咨询服务的领航者，图书馆通过多渠道收集信息并进行有序化处理，不断完善补充数据库资源，可为用户在数据海洋中获取有用信息提供便利，为智库决策提供资源储备，提升信息资源的利用价值。

3. 建立组织机构和管理机制

图书馆参考咨询服务若没有合理的管理机制和完善的组织机构，很难控制用户行为，势必影响参考咨询智库的运行效率，降低参考咨询服务质量。图书馆在参考咨询智库建设初期，就需要设置合理的组织结构和管理机制，尽快开展智库研究，探索智库建设与智库服务的有效途径。图书馆应该明确不同工作人员的权责，设置合理的管理制度，方便对智库用户进行管理，鼓励智库学者开展深入研究。在我国倡导大力建设特色智库的背景下，虽然部分图书馆在智库建设方面获得政府部门的支持，也能够协同其他文化机构共同开展智库研究，但是参考咨询智库的构建并非易事。要求图书馆认真思考馆藏特色，以科学的规章制度约束馆员和用户行为，并通过印制刊物、发表文章等方式，强化用户对参考咨询服务的认知，获取更多用户的支持。

(四) 基于智库理念的公共图书馆参考咨询服务拓展策略

图书馆建设参考咨询知识库，设置合理的管理机制，为参考咨询服务发展提供了新方向。在此基础上，要想真正拓展参考咨询服务领域，图书馆有必要从智库建设角度精准定位，适应市场化趋势，全方位拓展服务功能。

1. 从智库建设角度精准定位

大部分机构在拓展新业务过程中，都无法同时兼顾其他业务，这就有必要通过精确定位，选择最能凸显自身优势的领域。智库是辅助公共决策的研究性机构，涉及国际事务、公共关系管理等多方面的内容，不同的智库在人员构成、产出方式、研究领域方面存在差异，图书馆应尽量选择自己擅长的领域进行智库研究，通过对相关研究成果的长期关注，发现全新的知识与服务方式。影响图书馆参考咨询智库建设的因素较多，包括法律、文化、服务对象等。在确立向智库转型的参考咨询服务定位时，应该充分考虑智库建设的影响因素，根据服务对象、人力资源、法律制度等进行综合分析，结合本地社会经济发展状况确立发展对策，构建完善的组织管理架构，拓宽智库研究范围，更好地发挥参考咨询服务的作用。

2. 全方位拓展服务功能

互联网时代提供多元化服务是图书馆转型发展的前提，图书馆可以通过文献资源定制、教育培训、商业信息获取以及开展丰富的文化活动，积极拓宽参考咨询服务领域。图书馆传统的参考咨询服务以图书借阅为主,随着服务功能的不断演变,图书馆员应该改变被动接受用户咨询的服务方式,积极利用智库获取用户信息,不断调整参考咨询服务模式,不断拓展参考咨询服务功能。图书馆可以引进先进信息技术,借助微博、微信等新媒体开展参考咨询业务,满足用户对智库咨询的及时性要求,提升参考咨询服务效率。例如,上海图书馆通过微信公众号提供信息咨询、教育培训等服务,在没有任何推广的情况下,用户人数迅速增多,迄今已为两万多人提供了免费咨询服务。

3. 借鉴市场营销理论

随着全球经济文化一体化的不断推进,大量外资或独资企业涌入我国,在刺激本土企业发展的同时,也形成更加激烈的市场竞争环境。很多企业为在激烈的竞争形势下站稳脚跟,不得不在分析市场规律的基础上制定科学决策,努力拓展市场份额。同理,面对智库理念的巨大冲击,图书馆要想拓宽参考咨询服务范围,就需要借助市场化理论,向社会各界人士提供广泛的参考咨询服务,实现馆藏资源的最大化利用。作为信息资源服务中心,图书馆应以用户需求为导向,发挥参考咨询智库的优势,借鉴市场营销理论拓展服务范围。由于一个完整的营销过程包括客户挖掘、服务推广、服务内容设计等环节,图书馆要想吸引更多用户,就需要在每个环节做好市场营销工作,让智库理念深入人心,以赢得更多用户的支持。

智库是国家软实力的重要体现,也是公共管理和政府决策的有力工具。图书馆基于智库理念开展参考咨询服务,探索参考咨询服务的新模式,首先需要做好智库成果收集与人力资源建设工作。同时图书馆应该充分利用各类先进技术,与其他机构合作构建参考咨询智库,全面拓展参考咨询服务功能,以便更好地迎接信息环境下的新挑战。

第四节 数字化背景下的公共图书馆参考咨询服务

一、国内公共图书馆实行数字化参考咨询服务的探讨

随着数字化信息技术的日益普及,作为图书馆信息服务重要内容之一的传统参考咨询服务受到了极大挑战。面对挑战,20 世纪 80 年代初,国外图书情报界率先开发了数字化参考咨询服务,目前已广泛利用软件开展实时交互服务,并启动了基于网络化合作的数字参考咨询服务。国内图书馆由于技术条件的制约以及人们主观认识上的限制,真正意义上的数字化参考咨询服务尚处于起步阶段。

数字化参考咨询服务(DRS),是一种以人力资源为媒介、基于因特网的信息服务形

式。区别于传统图书馆的参考咨询服务，DRS 最显著的特征是用户的提问和咨询专家的回答以基于因特网的各种电子方式进行，包括各种交互式的网络工具：电子邮件（E-mail）、电子公告板（BBS）论坛、网络寻呼机（ICQ）、网络聊天室（IRC）、桌面视频会议（DVC）等。其核心是在一种分布式信息网络中，具有特定知识和技能的"咨询专家"对用户的个性化服务。突破了传统参考咨询服务时间和空间的限制，可以在任意时刻获取或提供信息，因而是一种更为灵活的、个性化的信息服务和信息获取方式。

（一）国内公共图书馆 DRS 实践

与国外图书馆相比，国内图书馆大多在最近一两年内开始设立 DRS 项目，服务手段从整体上来看处于 DRS 的初级起步阶段，主要的服务方式有以下几种：

1. 以电子邮件等为主要手段提供的 DRS

这是目前国内图书馆界采用最多的一种 DRS 方式，以电子邮件交流信息为主，兼顾其他如 BBS 留言板、FAQ（frequently-asked questions，常见问题解答）等通常的做法是在图书馆的主页上设立相应内容的链接，通过链接，将咨询问题以电子邮件等方式发送给相关咨询人员，咨询人员也主要以电子邮件方式将答案发送给读者。

综观图书馆的 DRS 方式，尽管名称和形式各异，但都体现了 DRS 数字化、个性化以及方便性的特点，咨询内容以利用图书馆及其馆藏资源时遇到的各种问题为主，也包括读者推荐书、意见和建议等，许多图书馆还提出了明确的服务承诺，但服务对象大多限定在本馆读者。

2. 利用各种软件的实时交流方式

在实时互动的数字化参考咨询发展趋势下，目前国内有少数图书馆已开始尝试利用各类软件技术开展这方面的服务，用户在统一的界面下递交咨询请求，并等待咨询人员解答，咨询结果通过电子邮件传递给用户。但由于技术等方面的原因，加上没有可借鉴的模式，基于实时交互技术的 DRS，目前在国内图书馆界发展和普及速度缓慢。

3. 合作化的数字参考咨询服务

尽管由于客观原因和人们主观认识上的限制，DRS 在国内尚未达成完全的共识，但可喜的是，随着越来越多的有识之士认识到其重要性，国内合作化的数字参考咨询服务已有了一个良好的开端，其中上海图书馆推出的"网上联合知识导航站"开了国内合作化数字参考咨询服务的先河。该项目在初步实现了上海市文献资源共建共享的基础之上采用了一种合作化的专家服务模式，由上海图书馆牵头，联合上海社会科学研究院图书馆、中科院上海文献情报中心等 16 位长期从事情报与参考咨询服务工作的中青年参考馆员骨干形成分布式的虚拟参考专家网络，每位专家负责若干专题的咨询问题解答，用户在上海图书馆提供的统一界面下根据专家介绍，自行指定某一位专家，以表单形式进行提问并回答问题，在用户与专家进行提问与回答的同时，上海图书馆中心数据库也能收到提问与回答信息并进行提问与回答的监控管理，导航站管理中心同时提供已有问答的数据库供用户参考。这是在国内率先推出的旨在向各行各业读者提供高质量专业参考、知识导航的新型服务项目，此项服务开展 5 个月后，就接收了 170 多个提问并做出了回答，收到了良好的效果。但此项服务目前还只是基于 E-mail 方式，而非实时交互式服务。

（二）关于国内图书馆界 DRS 的思考

1. 进一步提高对 DRS 的认识

传统图书馆，无论是馆藏建设，还是资源的组织、加工与处理等，都是围绕读者服务这一中心而展开的，同样，数字图书馆的建设，在经历了资源的数字化转换、数字资源的组织与描述以及所涉及大量相关技术的研究与实践之后，数字图书馆的公共服务必定要提上议事日程，其中数字化参考服务便是不容忽视的一个方面，因此可以说，数字化参考服务是数字图书馆建设的一个重要组成部分。

网络环境下，用户需要的是一种不受时间和空间限制的、对包括数字资源在内的各种信息与知识资源进行方便获取的服务。一方面，用户可以全天候向咨询馆员发送问题或提出咨询请求，咨询馆员也可以在任何时候向用户反馈咨询结果；另一方面，用户不论身在何处，只要按照规定的程序和途径履行相应的义务，都可以享受图书馆或其他信息服务机构通过网络提供的信息咨询服务。因此，从最大限度地满足用户信息需求这一图书馆根本服务理念来看，DRS 是数字时代图书馆公共服务的一个不可忽视的重要组成部分，可以有效弥补传统图书馆服务方式的局限，从而与图书馆现有服务有效融合。

2. 服务方式的选择

在 DRS 服务方式的选择上，采用异步还是实时交互，采用 E-mail、FAQ、ICQ 等，还是几种方式的结合，既要借鉴和学习国内外图书馆开展 DRS 的实践经验，又要立足于本馆的服务主体和具体情况，制定切实可行的发展策略。

目前我国大多数图书馆面临各种复杂的情况，经受着多重任务的压力。既要继续收集印刷型出版物，又要收集电子型出版物；既要发挥传统的图书馆借阅流通传递服务，又要提供网络检索服务以及知识导航服务。从图书馆自动化方面看，大部分图书馆处在实现内部业务管理自动化阶段，部分图书馆处在向以网络为基础的文献信息服务自动化过渡阶段，一些大型图书馆正在尝试进入数字图书馆阶段。因此，对大多数中小型图书馆而言，开展实时交互的 DRS 服务的人员、资源、经费、技术等条件还不具备，在这种情况下，可以基于 E-mail、FAQ、Webform 等形式的异步 DRS 服务为主，将数字化参考咨询与传统参考咨询相结合，为网络环境下的读者提供服务；对于目前一些软、硬件条件较好，人员素质较高的大型图书馆，应更多地借鉴国外图书馆界的成功经验，并结合国内实际，开展以软件为支撑的实时交互的 DRS 服务，并逐步向网络合作化方向发展。

3. 服务组织和人员配置

DRS 以图书馆的馆藏资源为基础，以因特网的丰富信息资源和各种信息搜寻技术为依托，对参考咨询馆员提出了更高的要求。一方面，咨询问题种类繁多，覆盖面广，除了有关图书馆利用、资源查找、文献线索等问题外，还涉及数据库检索、网络硬件故障、软件使用等方面；另一方面，随着读者利用图书馆能力的逐步提高，咨询问题的深度进一步加深，许多问题甚至涉及一定深度的专业知识。因此，单靠咨询馆员的个人知识已无法解答用户的各种咨询，在此情况下，各图书馆根据自己的馆藏情况、专业特色，除设立专业部门从事 DRS 外，还应配备若干"兼职"的特色专家咨询员，包括本馆各部门的业务骨干以及具有本馆特色馆藏专业背景的专家学者。通过网络互连，将各个分散的咨询专家包容在一个统一的联机咨询系统中，从而更好地为用户提供内容广、保证率高、准确及时的咨询服务。

DRS 是一个典型的多种资源集成的服务，DRS 的最终目标是在整个数字化空间中的资源共享、专家共享、服务共享，从这个意义上说，DRS 最终要走向合作。而合作所涉及的不仅仅是技术问题，更多的是如何准确界定各成员馆的咨询资源和优势、详细定义和规范服务协作协议、建立合适的补偿机制等。因此，合作化的 DRS 服务更需要从服务组织上作为一个资源共享、专家共享、服务共享的项目来运作。在这里，中华人民共和国教育部的 CALIS 以及各省市的文献保障体系，已经在联机联合编目、网络数据共建共享以及馆际互借等服务方面取得了较大的成效，若将 DRS 服务也作为一个资源共享项目，真正列入其中，在各个层次上分别加以组织实施，相信一定能极大地推动国内 DRS 服务的发展。

总之，DRS 虽然在国内起步较晚，但随着我国数字图书馆进程的进一步发展，必将逐步成为未来图书馆的核心服务内容。各图书馆既要积极跟踪研究国际最新发展趋势，又要根据各馆实际，选择适宜的服务模式，从而提供多层次、主动化、个性化、高质量、全程式的咨询服务，以满足网络时代用户的信息需求。

二、虚拟参考咨询多元化服务模式

（一）虚拟参考咨询多元化服务的概念分析

虚拟参考咨询技术的主要因素包括用户的自我服务以及请求帮助两大系统。而虚拟参考咨询最终想要达到的目的就是自助化的服务，换言之就是在用户的行为完全合法、合理、自觉、自主的前提下，就可以实现自我服务。借以将用户自身的灵性最大限度上予以开发，将用户自身的自主性、创造性以及积极性得以充分发挥，这种类型的服务注重的就是将用户真正作为用户，实现了以用户为中心的服务目标。

（二）典型的网上图书馆虚拟参考咨询设置分析

①文献传递。这种类型的虚拟参考咨询技术的主要功能就是向用户群体提供其所需的电子类型文章的全文，与此同时还需要支付一定的费用。

②BBS。将这种技术应用到实际的参考咨询活动，就可以实现馆员之间的实时交流，并以此为基础建立一个连接图书馆和用户的联络通道，将用户在咨询环节中出现的问题在第一时间内解决。这种类型的虚拟参考咨询技术的主要服务内容包括图书的预约、续费等。

③网上联合知识导航站。这种类型的虚拟参考咨询技术主要是利用了分布式的联合形式的参考咨询技术，其中经过发展之后最具代表性的就是上海市中心图书馆中的网上联合知识导航站，通过将整个上海市内部的多位参考咨询方面的专家进行整合以便在专家问询、问答浏览等诸多方面为读者提供极具专业性的服务。

④虚拟参考咨询台。这种类型的虚拟参考咨询技术尤以上海交大图书馆的应用最具代表性，其中包括了诸如参考咨询馆员、期刊查询、实时问题解答等诸多方面。其中设置的学习中心这一模块对于广大师生资料的查询以及反馈工作来说提供了极大的方便。

（三）虚拟参考咨询服务多元化拓展方向分析

1. 电话形式的咨询

这种形式的虚拟参考咨询方式是国内最早开始应用的服务类型之一，用户在电话中提出对应的问题，咨询馆员在电话的另一端通过数据库技术进行对应答案的搜寻，在正常情况下，2~3分钟之内都会做出对应的回答。

2. 电子邮件形式的咨询

这种类型的虚拟参考咨询方式之下又可以详细的划分为普通形式电子邮件咨询、网络表单以及邮件通告三种方式。第一种就是在虚拟参考咨询台处将不同的咨询馆员的多个电子邮箱地址予以提供，用户只需要在邮件中填写正文或者是发送附件到邮箱中即可，咨询馆员在接收到电子邮件之后，基本就会以最快的速度进行恢复。第二种就是通过填写网络表单中的全部信息之后，发送到咨询馆员的电子邮箱中，让其在一个固定的时间进行回复。

3. FAQ 信息自主咨询

在这种类型的虚拟参考咨询方式中，咨询馆员在平日的工作环节中就需要注意搜集某一类型问题，并将之进行对应的整理以及总结，最后将之分类归档。同时以此为基础建立起一个常规性质问题文档搜索以及答案数据库，以便在向咨询馆员需求帮助之前先进行自主的文档以及答案搜索。在其中的 VRD 平台上，可以通过连接到实时解答部分上，让咨询馆员经过对应的筛选以及整理工作之后，确保其中 FAQ 的数量呈现出一种不断增加的趋势。因为在这其中涉及了人工筛选，因此对其文档以及答案的精准程度是有着一定的保障的，这种模式对于用户的友好程度也是几种方式中最具有优势的一种。

4. 事实参考咨询服务

这种类型的虚拟参考咨询方式是建立在实时交互以及虚拟参考咨询技术二者的基础上开发出来的，在这种类型的虚拟参考咨询方式中与咨询馆员之间的对话是以在线方式实现的，并且是一种实时的对话。就目前的发展情况看来，用于这种实时对话的主要软件包括交互形式的聊天软件、用于电子商务的管理客户关系软件等。不过这种类型的虚拟参考咨询方式的服务时长是一周内基本不会超过 30 个小时。

（四）在虚拟参考咨询服务角度上的多元化模式整合

1. 服务上的个性化

所谓的个性化服务就是在实际内容的个性化推荐的基础上，进一步发展的深层次的主动性质的服务方法。在当前这个社会中人人都崇尚私人定制，在虚拟参考咨询的个性化定制服务就是从用户自身的各类特征出发，按照其实际需求为其专门开展的资料的搜集、整理以及组织工作。其具体表现如下：第一，个性化图书馆的建立，在充分了解用户的专业和兴趣所在的基础上为其建立一个专门的个性化十足的图书馆。用户可以随时随地登录到个人的图书馆，并可通过更改自身的专业以及兴趣进行资源重新搜集、整合。第二，定期向用户的邮箱中发送包括其专业兴趣等在内的电子邮件类型的通知。第三，以用户群体类型的差异作为单位成立一个专业的参考咨询团队。第四，分析一些用户的个性化以及潜在需求，并根据用户之间的相似程度主动向其提供有可能会需要的各种信息，并针对其信息需求进行动态化的跟踪。

2. 服务上的一站化

其服务上的一站化，指的就是实现参考咨询和文献传递二者之间的一体化，在用户与文献传递人员取得联系之后，就可对用户的各种文献需求进行全面的满足，用户则完全不需考虑文献的获取渠道合法与否。这种服务的发展方向需要做到的就是为用户群体提供一个简洁、友好的操作界面、快速响应的连接、多元化的服务。

多元化检索方式以及浏览方式，借此来保障用户对虚拟参考咨询所需的新鲜、快速、准确以及全面的信息需求，在最大限度上向用户群体提供最为精准的信息。

3. 服务上的自导化

虚拟参考咨询的要素本质上看来就是用户的自我服务以及帮助请求系统的结合，换言之就是在以用户为中心的基础上，充分满足客户实际需求的一种用户自我服务模式。虚拟参考咨询中本身就带有部分的自助性质的服务项目，可以实现用户从自身实际需求、兴趣等方面出发，自行搜索以及利用图书馆内部的诸多文献资源。通过系统中一些预设程序的引导，可以实现在用户充分尊重规章制度的前提下，将自身的主观能动性予以最大限度的发挥。上面提及的 BBS 以及 FAQ 等形式的虚拟参考咨询为实现用户的自主形式服务提供了最为重要的技术条件。

4. 服务上的协作化

就目前的虚拟参考咨询发展情况看来，也开始从之前的单体图书馆活动开展转变为多方面联合作为实际依托的合作模式。在这种类型的服务模式中，是由两个或者是多个图书馆共同组成，其中包含有组成图书馆的文献资料特征以及咨询人员自身的特长介绍部分，一旦某一个图书馆无法满足用户的实际搜索需求，就会将这个需求或者是问题上传到共有的咨询管理系统之中。然后将这个未能完美解决的问题发送到其他的图书馆中。这种合作模式主要分为以下几种：以 Question Point 作为代表的全球化协作模式、全国性质的协作以及地区之间的协作。

第五章

图书馆阅读服务与数字环境建设

第一节 阅读的特性与心理

阅读行为是人类独有的。就像文字与书籍创造并改变了世界一样，阅读也创造和改变了世界。中国是一个有着五千年文明史的国家，同样是有着悠久阅读历史的国家。对于阅读的研究，可以追溯到春秋战国时期。阅读之于人的意义，先贤多有精辟的论述，如《荀子·劝学》《吕氏春秋·劝学》等就对阅读做过多方面的阐述。但是，毋庸置疑的是，长期以来，人们对阅读的研究多数是集中在阅读的客体，即文献书目的推荐方面。对于读者阅读心理的研究开始得到重视，而对于阅读本质的更深入的探求，尚有广阔的研究空间。随着生活节奏的加快和生活方式的变革，纸本书籍离我们似乎越来越远。全面揭示阅读的规律，能够帮助人们提高阅读能力，更能够促进图书馆提供有针对性的服务。

一、阅读的定义

关于阅读的定义，可以在《现代汉语词典》中找到这样一条简洁的解释：阅读，看（书报等）并领会其内容。这样的解释显然不能概括阅读的全部，也不能体现科学技术进步给阅读带来的巨大变化。阅读有广义和狭义之分。广义地说，阅读就是人类感知世界的过程，是人从符号中获得意义的一种社会实践活动和心理过程，凡是人类通过感觉器官能接收到信号，并反馈到大脑，进而对信息进行存储、感受、分析、判断的过程，都可以称为阅读。所以，我们可以说阅读城市、阅读建筑甚至阅读成功、阅读生命。狭义的阅读，是指人类通过一定的载体，接受载体所提供的文字、图像等信息的过程。也就是说，阅读是信息知识的生产者和接受者借助于文本实现的一种信息知识传递过程。阅读的主体是人，阅读的客体是文献。本书要探讨的是狭义的阅读。

二、阅读的特性

阅读让人类跨越了懵懂，打开了通往世界的窗户。人都有认识世界、充实心灵的原始动力。这种力量来自人类对精神生活的追求，来自人类对未知领域的好奇。"阅读不能改变人生的长度，但可以改变人生的宽度。阅读不能改变人生的起点，但可以改变人生的终点。"这段印在《阅读改变人生》扉页上的话极富哲理。只要有感知能力，就有阅读能力，即便是感觉器官有残疾的人，也可通过特殊的方式获取阅读的机会。撇开道德和意识形态的因素，我们可以说，无论何种读者，总有适合他的读物；反之，无论何种读物，总有需要它的读者。阅读是真正的适合大众的活动。个体性阅读是适合大众的，具有普适性。阅读又是一种复杂的活动，阅读过程实际上就是人的大脑接受信息同时进行联想、分析、推理、判断、综合、比较等的思维活动的过程。阅读行为要受到读者自身身份、智力、健康、兴趣、习惯、动机等智力和非智力因素的影响，对每一个个体——读者而言，有着鲜明的个性色彩。读者应该不受别人支配，由自己选择阅读内容、阅读方式。鉴于我国长期以来把个人的依附性称作集体主义，一贯强调集体的功能、作用，往往忽视个性，个人自我发展空间常常受阻，强调阅读的个体性尤为必要。阅读总有一定的目的性：求知、解惑、励志，即便是消遣，也是为了寻求一种心理的满足、精神的慰藉。阅读目的不同，阅读效果则迥异。我们应过滤、剔除那些错误、杂散、低俗的阅读目的，树立正确、纯粹、高雅的阅读目的，从而增强阅读的科学指向，收到最佳的阅读效果。主动性阅读是人们自主地寻找知识的一种行为。古人云："玉隐石间，珠匿蚌腹，非玉工珠师，莫能采得。"主动的阅读活动可以帮助人们认识自我、发现自我，更好地领悟知识的真谛，实现自己思想的自主性、独立性，把握住知识的本质，磨砺思维与判断，培养自己的创造力。自主性阅读是知识创新的推动力。阅读是一个由浅入深、由表及里、由感知到理解的过程，有时甚至会出现一些迂回和曲折。由此可见，阅读必须具有自觉性、趣味性，阅读者必须持之以恒。浅尝辄止，急功近利，不可能得到阅读的真谛。清代学者陆陇其指出："欲速是读书第一大病，功夫只在绵密不间断，不在速也。"读书在于积累，一滴水不可能穿石，一日之功不可能砌好长城，唯有锲而不舍，方能金石可镂。

随着IT科技的发展，出版传媒数字化被提上了日程，在媒体的渲染下，电子书取代纸质书的呼声越来越高。在此背景下，运营商、出版社、新华书店、九月网、IT厂商都跃跃欲试，欲从中分得一块蛋糕。但就目前情况看，电子书在相当长的时间内不可能取代纸质书，虽然电子书来势很猛，但是未来几年主导市场的依然是纸质书。

①使用和阅读条件的优势。虽然电子书具有方便携带、随时阅读、出版形式丰富、信息更新性方便快捷、可以多角度阅读、很强的时效性等特点，但是这些都是要建立在一定的条件下的。首先电子书阅读必须有阅读终端也就是阅读器，其次便是最基本的——要有电，没有了电一切都是白搭。而且目前阅读器种类繁多，所能使用的文件格式也不尽相同，使得电子书使用条件比较苛刻。而纸质书买回来只要光线合适就可以阅读。虽然携带

着不太方便，但是使用上却是少了这些限制，翻开书本就可阅读。

而且纸质书是成本存放的，而电子书是很多书存储在一个设备上。虽然电子书节约了空间，但却牺牲了使用空间，因为多本纸质书可以多人阅读，但电子书却只能是一个人使用。同时，电子书在使用时在上面作注释或者是写一些感想、笔记之类的比较麻烦或者根本不可能，而纸质书则可以随意加入自己的看法和注释。所以，在教育教学方面的各种课本资料，是电子书很难撼动的一个领域。这是纸质书相对于电子书在使用和阅读上的优势。

②存储的稳定性、收藏的时间性。存储介质的不同导致了纸质书和电子书的存储和收藏特点的不同。相较而言，纸质书是纸质印刷品，其存储介质是纸张。而电子书的存储介质是电子产品。众所周知，电子书的阅读存放是需要使用电子产品的，而电子产品属于精密器械，在使用时具有很多不确定性。就像 MP3 或者 U 盘、手机等，你不知道啥时候会出问题，而且在充电、使用或者下载的时候如果电压不稳定，也可能造成电子书阅读和存储设备损坏，或者是电子书文件的损坏导致不能阅读，而且中病毒和误操作也可能删除和损坏电子书文件，这些问题导致了其存储和阅读的不稳定性。但是纸质书就不存在这些方面的问题，相对来说，纸质书存放、使用更稳定和方便。

人们都有收藏经典书籍的喜好，这样可以方便地随时回顾一下。在这方面纸质书有着电子书不可比拟的优势。电子书的存放和阅读都是通过电子书的阅读器来实现的，但是电子元件都是有使用寿命的，达到一定的使用次数后就会出现性能不稳定或者直接报废的可能。同时，电子设备如果久不使用，会因为老化或者别的原因导致无法使用。而且，电子设备更新换代越来越快，说不定过一两年就找不到相同型号的接口而不能提取信息了。可见，虽然电子书具有时效性和方便快捷的更新性，但是缺乏长久存储的能力。纸质书在这方面则具有巨大的优势。有很多书籍存放了成百上千年而照样能够使用，并且使用方便，所以不必担心以后科技发展了就不能阅读的问题。

③阅读舒适度和价格等的优势。科技在发展进步，但是随着科技发展而来的副作用也体现出来了。电子电器设备或多或少都存在辐射，大到核电站，小到电子表，都存在辐射，电子书也不例外。在长时间看电子书后，我们往往会感到非常疲劳，而且脸上会有一层油脂（不一定多明显），这是因为电子书存在一定的辐射。而阅读纸质书时也会感到疲惫，却是因为眼睛长时间保持近距离观看的原因。虽然电子书方便携带，但很多人还是喜欢坐在沙发上舒舒服服地阅读纸质书，而不是电子书。这就是纸质书在阅读舒适度上的优势。况且电子书现在来说，还有一些缺点，比如价格比较高、抗压性差、刷新速度慢、多数阅读器设备和电子书店都在使用各自的专有格式，用户在费时寻找资源的同时也提高了成本等。

当然，电子书也有其独特的优势，比如携带方便、阅读便捷、价格便宜，也越来越受到人们的喜爱。但短时间内电子书并不会取代纸质书，毕竟电子和纸只是书的两个载体。不同消费者有不同的选择，甚至未来也可能出现双雄割据的局面。

从人的生存和发展能力上说，阅读是人生重要的学习能力，也是孩子学习成功的重要条件。人们通过阅读活动，接触语言材料，积累知识经验，以此为载体，开阔视野，陶冶情操，内化积淀为文化素养，并将阅读的感悟扩展迁移，提高综合智力，提高学习能力和生活能力。这是人成长发展必备的基本功，即人的发展的功能性基础。所谓阅读，就其狭义的概念来说，是从书面语言获取科学文化知识的学习形式，是信息交流的桥梁和手段。著名教育家叶圣陶先生曾做过一个生动的比喻："阅读是怎么一回事？阅读是吸收。好像每天吃饭吸收营养一样，阅读就是吸收精神上的养料。"一般来说，阅读要以掌握一定数量的文字、语词为前提。因此，提起婴幼儿阅读，人们常会产生疑问：孩子不识字，怎么阅读呢？习惯上，人们常把婴幼儿的阅读等同于学龄阶段的阅读。其实两者之间由于年龄的不同，在行为表现上是有明显差别的。早期阅读是指婴幼儿从口头语言向书面语言过渡的前期阅读准备和前期书写准备，其中包括知道图书和文字的重要性。

婴幼儿时期是人的生理发育和机能发展最迅速、最重要的时期，人体大脑语言神经中枢趋于成熟。脑科学研究证明，大脑神经系统的网络化过程主要发生在出生后的头三年，听、说、读、写各神经中枢在幼儿5岁时已趋于定型。从大脑皮层的发育顺序看，阅读神经中枢的发育先于说话神经中枢。新近的有关研究表明，儿童掌握字形与实体的联系比掌握语音和实体的联系更容易，婴儿在开始说话前就能认字和阅读。甚至还有专家认为，婴儿满月不久便可以进行适宜的识字阅读教育，可以赶在反抗期前为孩子打下良好的学习基础。这些都是婴幼儿早期阅读的重要的生理机能基础。

作为婴幼儿学习的重要形式的阅读活动，主要是通过图书画面、声音符号提供一些直观的形象，让孩子通过直观形象的感知，把人、事、景、物与生活中的真实存在发生沟通，由静态到动态，由零碎到完整，由无声到有声，由表面到心理，并通过观察、联想和感知形成体验，即心理图像。这种直观、联想的阅读行为决定了早期阅读内容、阅读材料应具有图文并茂、形象生动的直观性特点。它为婴幼儿创新意识的启蒙和创新思维能力的培养提供了条件。

三、新媒体环境下读者阅读心理趋向

（一）倾向"浅阅读"

碎片化、快餐化成为新媒体时代大众阅读的鲜明特征。传统的读物以纸媒为主要传播媒介，作者的作品创作花费了时间与精力，内容具有严谨的逻辑性和连贯性。在纸媒时代，读者可以静下心来阅读，他们更倾向于独立而理性思考，从而获取具有价值的内容与感悟。随着新媒体的发展，多种多样的阅读平台为追求传播快，对内容进行拆解，以减少读者的阅读时间，增加读者文章的点击量。在这种阅读机制下，读者不需要去思考，对于内容只是停留于"知道"，形成了"浅阅读"状态。而"浅阅读"过程所表现出的阅读碎片化，让读者不再关注阅读内容的知识性，而是走马观花式的浏览，只是为了娱乐消遣，丧失了阅读读物原本的功能。

（二）阅读的自主性

新媒体时代阅读平台的开放性，使得读者在选择内容时，越来越倾向于自主阅读。在数字化的阅读平台上，读者可以根据自己的喜好阅读，也可以在阅读平台上发表评论或看法。读者阅读的自主性，也催生网络平台的变化，特别是新闻发布平台的变化。如今日头条在阅读自主化的环境中，通过大数据算法确定读者阅读喜好和阅读兴趣，不断向读者推送个性化的内容；在推送过程中，强化与读者的互动，读者既可以及时留言，又可发表个人看法，也增强了读者对数字化阅读平台的依赖性。

阅读的自主性推动移动互联技术发展，而移动互联技术又加速培育了广大读者的阅读自主性。在当前新媒体环境中，阅读的自主性非常活跃，个性化、定制化的内容，不断被广大读者所接受、所喜爱。

（三）信息超载

信息超载是指多元化的传播路径，海量的传播内容，使得读者阅读内容远远超出自己阅读所能承受的范围。在海量的信息中，读者无法快速找到适合自己的阅读内容，这就很难培养阅读兴趣，甚至还会产生无形的压力，担忧自己无法做出正确的抉择，产生怀疑自己阅读能力的消极心理。同时，繁杂的信息不仅有健康的内容，也有不健康的内容，使得读者在进行阅读时，无法对阅读内容的正确与否立即做出判断，从而潜移默化地影响良好阅读习惯与阅读心理的培养。

第二节　图书馆的职责与服务理念

一、阅读对图书馆服务的要求

图书馆研究阅读的目的是更好地为读者服务。在信息获取渠道多元化的今天，信息资源已经不再是稀缺产品，许多图书馆服务在品质方面的区别越来越小，共性服务不再是读者选择的主要标准，读者越来越看重图书馆能否满足他的个性化需求和能否为他提供优质、方便、快捷的服务。因此，许多在过去看来理所当然的东西，已经无法适应新形势的需求。这就要求我们必须更新观念，改进服务，改变传统图书馆的那种硬性管理手段，让读者感觉受到重视，自尊心得到满足，从而化解矛盾。"读者第一"似乎是老生常谈，但真正把这一理念落到实处，还有很长的路要走。

只有提高了读者对图书馆的信赖度和满意度，图书馆才可能生存和发展。阅读环境对阅读效果影响很大。图书馆功能、布局、设施的安排及外部环境的布置，应该以人为中心，处处给读者以亲切和关怀，充分考虑读者的意愿与习惯，以方便读者利用文献资源和进行信息交流活动为出发点和归宿，采用全开架藏、借、阅一体化管理方式，形成"人在书中，书在人中"的格局，检索便利快捷，借阅方便随意，咨询服务近在身边，不失为一种理想的服务方式。良好阅读气氛的营造也不容忽视。不仅态度"敬"，而且氛围"静"、空间"净"，这样的服务环境才可能吸引读者、留住读者。图书馆的决策、管理乃至文献资源的采购都应该听取读者的意见，这已经成为一种共识。

但读者的参与程度在不同的图书馆却大相径庭。毫无疑问，读者的参与，将改善图书馆与读者的相对关系，提高决策的透明度，减少决策的盲目性，也有助于图书馆分析阅读规律，把握阅读心理，了解读者需求，以便服务更有针对性。但在读者参与的问题上，图书馆往往有许多的顾虑，尤其是害怕读者的参与会给图书馆的管理带来混乱。必须承认，一切意见都是相对的，读者的意见也会有不尽合理之处，但一定要给读者发表意见的空间和渠道，使读者真正拥有监督的权利。这样，我们才可能尽快发现服务中的缺陷并加以改进。"问渠那得清如许？为有源头活水来"。读者就是图书馆的源头。

随着信息网络化进程的加快和普及，人们对文献信息的需求呈多元化、多样化、综合化和纵深化特征，要求得到快、准、精、新的信息。网络服务加速了信息资源流动，推进了信息服务方式的创新。图书馆要利用现代信息技术，广泛应用互联网、光盘数据库、联机检索等现代信息传播手段，拓宽信息服务与交流渠道，充分满足读者的阅读需求。为适应各学科发展日趋交叉所导致的用户信息需求的综合化，还应注意在综合消化多种知识的基础上创造新知识，形成高附加值的再生性文献信息产品。电子型出版物的数量和品种增长迅速，学科门类齐全，有检索性光盘和全文光盘，使用便捷，深受读者欢迎。图书馆应加大电子型出版物投入，优化资源结构，把搞好本馆文献信息数据库建设放在突出地位。根据读者需求和学术研究状况，以规范化和标准化为原则，重点开发建设某些专题数据库，形成特色信息资源。同时应加强网络信息资源建设，创造一个全新的信息交流环境，实现文献信息资源的共建共享。

尊重读者的人格，维护读者的阅读权益，体谅读者的阅读需求，关注读者的阅读感受，不仅应成为图书馆人之间的广泛共识，而且应成为图书馆人的自觉行动。不能用真理般的结论抑制读者思考种子的萌发，不能用强行灌输剥夺读者阅读中的审美愉悦，而应让读者真正做阅读的主人。把阅读真正还给读者，努力做到信任重于监督、导向重于惩罚、服务重于管制、尊重高于一切。让每个人都达到"快乐阅读"可能有些不切实际，但让每个人都能"自主阅读"应该是能够做到的，这也是现代图书馆理念的具体体现。在服务观念上，不能坐井观天、墨守成规，要跟上时代的发展，并增强超前意识，有超前预判。在文献的采购上，要充分考虑到出版周期、加工耗时等因素，特别是论述"热点"问题的文献，时效性极强，如果与读者见面的时间滞后太多，就可能成为"隔夜饭"，变质发馊，无法食用。在馆舍布局、设备引进、规章制度等方面，也要从长远考虑，不能只顾眼前。读者是图书馆的主人，无条件地向读者开放服务是图书馆服务的基本点。但也不能被读者需求牵着鼻子走，特别是对流行的东西，要分清良莠，不能被流行风熏晕了头脑。比如，对于阅读行为涉及的诸如"黄色""不健康""反动"等内容都必须做定量、定性分析，加以严格界定，有意识地引导读者阅读积极向上、健康而有品位的书籍。

于这一切都应以保障读者的阅读权益为前提。阅读者本身存在着很大的差异，在年龄上，有老、中、青、少之别；在职业上，有工、农、商、学、兵之分；在文化程度、专业背景方面都有很大的不同，任意一种组合之间，在阅读旨趣上可能大相径庭。图书馆应该根据阅读本身的特点，根据阅读者的需求，调整工作的重心。例如：阅读宜静，图书馆要提供优越的阅读环境，加强纪律约束；阅读宜勤，图书馆应保证全天候开放。善于把握规律性的东西，防止因盲目而陷入被动。在目前网络化进一步发展的情况下，人们的阅读从此不再单调。网上的资源极其丰富，但良莠不齐，网络超文本引入了信息组织的非线性关系，读者可以自由地控制阅读路径，但由于太多的选择，读者常常会陷入迷航的处境。图书馆要加强对网络阅读的科学研究，进行服务创新。例如：有效组织网络资源；利用网络开展阅读指导工作；引导读者利用先进的技术和方法进行阅读；实现网络信息资源的过滤；开展知识挖掘、智能推送、个性化定制等特色服务；提供网络浏览导航，避免读者在网上盲目浏览，节省读者时间，实现网络资源的增值。

二、图书馆的职责与服务理念分析

随着文字的出现，阅读活动也逐渐兴起。阅读活动在人类文明的进程中起到了举足轻重的作用。有关阅读的至理名言流传至今：从"书读百遍，其义自见"领悟到"为中华崛起而读书"的壮志；从"书山有路勤为径，学海无涯苦作舟"的态度到"读书破万卷，下笔如有神"的经验总结。

人们在阅读中增长了知识，陶冶了情操。阅读能够对民族精神气质的形成产生一定影响，能够促进国家文化的蓬勃发展。图书馆应承担起作为全民阅读倡导者和组织者的使命，努力将全民阅读推向一个前所未有的高潮，为中华民族发展壮大提供强大的精神力量。从公元前 3000 年美索不达米西泥版图书收藏到 21 世纪数字图书馆的建立，5000 年发展历史昭示图书馆的职能与地位无时不在与时俱进、拓展变化。《公共图书馆服务发展指南》提出，"公共图书馆的一项最基本的原则就是它的各项服务必须对社区的所有成员开放""社区所有成员都有享受其服务的权利"。

人们能够利用图书馆丰富的馆藏、先进的技术、安静的环境和专业人士的指导，轻松地获取自己所需的知识和信息，因此图书馆为公众提供了最佳的阅读场所。图书馆有着公平公正、以人为本的服务理念。

公共图书馆势必进行调整、创新与转型，同时对网络信息的研发、选取、整合提出了新的要求。合理整合网络信息资源，要运用先进的技术并遵循一定的原则，将零散的网络信息资源系统化，通过数据挖掘，形成二次信息、三次信息，从而协助用户方便快捷地利用各类信息资源，让读者在开放的网络环境下，可即时、不受限制地获取各类文献。

①树立数字阅读意识。科技在发展，电子书的普及将给人类带来一个崭新的阅读时代，阅读变得无处不在，信息的传播变得轻而易举，这一切正在改变人类的学习、生活方式。在数字阅读时代，社会对图书馆的需求已经逐步淡化，图书馆对读者的吸引力也不如以前那么强烈。换言之，图书馆所提供的服务与人们的需要已经有了巨大的差距。因此，在这个崭新的阅读时代中，各个图书馆应该改革服务体制，创新服务方式，增强服务意识。图书馆特别是图书馆决策者应树立起新的阅读意识，深刻认识到数字阅读的划时代意义，丰富数字阅读方面知识的储备。

②建立数字阅读馆藏。第一，建设复合馆藏。复合馆藏主要由纸质出版物和数字出版物构成，还有录音、录像、缩微胶卷等非书资料，是各种信息资源的"媒体中心"。充分利用数字资源和阅读数字化与网络化的特点，通过网络共享、文献传递、包库、授权访问等方式实现服务与阅读。第二，建设特色馆藏。基于图书馆的服务人群和范围，建设有针对性的馆藏资源，提供特色服务，形成自己的独特优势，尽量避免资源和服务重复。

③畅通数字阅读渠道。数字阅读不受空间和时间的限制，以及阅读介质多样性的特点对图书馆提出了新要求。第一，快捷畅通的接入服务渠道，包括馆内外接入及周边接入。第二，提供以电子书为核心的数字资源内容平台服务。加强以电子书为核心的数字资源平台的建设，为读者提供"一站式"服务。读者可以通过接入的网络在平台上进行数字资源的在线阅读、借阅、下载、检索等操作。第三，提供电子书、电纸书借阅服务和手机阅读服务，为读者阅读不受时间、地点的限制提供便利的服务。

现实条件下，数字阅读和纸质阅读将相互并存，相互融合。引领全民阅读方向和品位，依然是公共图书馆的优势和义不容辞的责任，其巨大的历史作用是无法估量和替代的。因此，公共图书馆要有效推进全民阅读，必须有新理念和新举措。

一是加大投入、丰富资源。公共图书馆是公益事业，政府财政应加大对图书馆的投入，逐年提高投入资金。同时，图书馆也应广开门路，通过接受企业赞助、社会捐赠等方式，丰富自己的各类馆藏资源，逐步完善数字阅读功能，购置电脑、电视等高科技产品，研制和开发自己的阅读平台，并及时更新升级，从而满足人们对不同知识的需求，吸引社会阅读，取信读者，有效推进全民阅读的开展。

二是完善设施、创优环境。随着社会的发展，人类对阅读环境的要求也有了很大提升。图书馆要在功能布局、环境布置、设备设施等方面，处处考虑读者，如充分考虑馆舍的布置，通过对室内温度、湿度、光线和卫生状况的逐步改善，达到令人心旷神怡的效果；通过悬挂名人字画、摆设绿色植物，营造温馨的阅读氛围。

三是提升素质、强化服务。图书馆有效推进全民阅读，必须组建一支有丰富专业知识、认真服务理念的高素质人才队伍。第一，要在对馆员的培训中，加强对事业心和爱岗敬业精神的培养，使馆员有全心全意服务的意识、热情积极的服务态度。第二，不仅要提高专业技能，还要重视馆员外语能力、综合信息素质和网络技术服务水平的提高，最大限度地为读者提供优质的服务。第三，以团队精神为核心，在团队中实行有效的激励政策，做到齐心协力。

四是创新方法、丰富形式。推进全民阅读，必须创新方法，采取"走出去，请进来"等方式，开展丰富多彩的阅读推广活动，吸引读者。开展面向全民的阅读指导：第一，编制社会性导读书目，以推介、引导和组织全民阅读。第二，图书馆要扮演好导航员的角色。对那些运行稳定、研究价值高、内容积极的资源以及那些公正、与时俱进、数据权威的数据库，图书馆要有恰当的描述，明确其网址，同时要提供明显的标志，满足读者漫游网络信息世界的愿望。

此外，在网络环境下，图书馆应利用丰富的馆藏优势，定期地通过图书馆的网站，向读者推荐新入藏图书目录、热点图书目录，充分发挥图书馆网上指导的作用。争取政府的大力投入，建立流动的图书馆，方便市民的阅读；建立农民书屋，利用公共资源建立下岗职工和再就业培训基地。同时，积极开展绘画、摄影、书法等各种展览，举办读书、演讲等比赛，还可举办知识竞赛、专题征文等多种活动。通过这些丰富多彩的活动，使广大读者既获得了自己适用的知识，又领略了高雅艺术的魅力，从而吸引更多的读者参与，有效推进全民阅读的开展。

《公共图书馆宣言》将开展阅读活动列为重要使命之一，是"公共图书馆服务的核心"。《中国图书馆服务宣言》则说得更为明确：图书馆努力促进全民阅读。图书馆为公民终身学习提供保障，促进学习型社会的建设。类似的表述不胜枚举，有 IFLA 的相关宣言、文件（如《突尼斯宣言》），还有各国的相关法规（如英国的"阅读起步"、美国的"大阅读"等），比比皆是。可以说，这种精神是图书馆一贯的指导方针，是一以贯之的，带有根本精神、宗旨圭臬的性质，涉及图书馆的核心价值和核心理念。

从图书馆历史尤其是公共图书馆的历史看，阅读推广活动的出现与普及，是图书馆发展到一定层次、一定水平的产物。纵观我国百年来图书馆的历史（也就是近现代图书馆产生和发展的历史），可以说经历了三个历史阶段：一是从封闭到开放；二是从对部分人开放到对全社会普遍开放；三是从被动地接受服务到主动地推广服务。这个过程进行得漫长而艰难，可以说，直到进入 21 世纪，我国图书馆才大体完成了前两个阶段的使命，亦即基本实现了对全社会普遍、均等、免费开放。现在正在迈向第三个阶段，亦即进入了大力开展阅读活动、向全社会主动推送图书馆服务的新时期。因此，我们今天进行图书馆阅读推广工作，在某种程度上也是历史发展之必然，是图书馆发展的历史趋势。

从图书馆服务上看，图书馆专业服务工作可划分为三个主要内容，或者从历史发展的角度看，也可以说经历了三个不同的阶段：一是文献服务，即传统的图书馆服务，如外借、阅览；二是信息服务，如参考咨询、信息检索等；三是阅读推广，表现为开展多种多样的活动，近年来方兴未艾。与前述历史发展阶段不同，后来出现的新形式并不意味着否定原有的服务方式，如文献服务这种最为传统的图书馆服务现在仍不可动摇的地位，并且新增加了数字文献和网络数据库的提供，以及包括近期出现的送书进社区、流动图书馆、自助图书馆等新事物。阅读推广可以说是集文献服务和信息服务之大成，通过多种多样的活动和手段将文献服务和信息服务送达到读者身边。国际、国内和业界的动态都表明，阅读推广作为一种发展潮流势不可当。

我们经常把这些成就归结为我们阅读推广工作的业绩，这样说当然也不错，但是我们明白，"形势比人强"，实际上是我们顺应了形势，因势利导的结果。要知道，图书馆阅读推广与其说是"发展趋势"，不如说是已经实现的现实，实践在"倒逼"我们阅读推广工作的深入和提高。进行深入系统的阅读，完整全面地掌握知识，图书馆是最好的场所，甚至是唯一的场所。只有图书馆才具有完备的文献资源保障体系，才能为读书人提供全面系统的文献服务；也只有在图书馆，才能领略到完整的科学知识体系和全部的人类文化遗产，从而站在巨人的肩膀上来看这个世界。当前理论界有人反对"深阅读"和"浅阅读"，或"读好书"的说法，认为图书馆工作者应该保持中立的立场，不干涉读者的阅读自由。

此说法当然有道理，读书没有高下之分，图书馆不应该排斥消遣性阅读或是所谓的浅阅读，要提倡开卷有益，保障大众的阅读权利。但是我们必须清楚，即使在大众性阅读当中，图书馆同样也是最好的场所。这点和精英阅读、学习型阅读没有什么大的不同。即使是阅读《西游记》，也要读完全本，不能只看电视剧或《大话西游》；即使是读武侠小说，也要按照"飞雪连天射白鹿，笑书神侠倚碧鸳"的目录通读一遍，才算得上是初级的"金庸迷""武侠迷"。对社会阅读中的诸多不良现象我们也不能坐视其蔓延，如娱乐至死，不娱乐毋宁死，为应试教育读书，不唯功利不读书等。恰如王余光教授所言：去图书馆是一种生活，是一种文明的生活方式。还没有任何社会机构在阅读这一功能上可以取代图书馆。我们图书馆工作者必须意识到自己的社会责任，完成我们的历史使命。

第三节　图书馆的阅读服务

一、图书馆服务的特点

图书馆服务得益于科技水平的提高和计算机网络的快速普及，呈现出了一系列新特点，例如服务的虚拟化、文献多样化、信息共享化、需求个性化、交流互动化、服务多元化等。

（一）服务虚拟化

虚拟服务是现代信息网络技术发展的产物，打破了原有的传统服务模式，建立的一种信息服务新模式。图书馆提供的虚拟服务一直在不断发展，分为服务资源的虚拟化和服务方式虚拟化两种。服务资源虚拟化是在图书馆的庞大馆藏资源的基础上建立的，其中包含馆内实体文献信息资源和多种互联网资源。这种即时的虚拟服务突破了时间和空间的限制，为读者随时随地提供信息。

（二）文献多样化

在视频、音频、数字化信息不断涌现的今天，以实体为主的印刷型文献资料已经不足以满足读者日趋丰富的信息需求和阅读方式。因此，图书馆要紧跟数字资源的发展趋势，在重视印刷型文献的基础上，广泛吸收各式各样的信息资源，向读者提供全面的信息。这样既能补充和完善图书馆资源，还能全面提升图书馆保存文献信息的能力。

（三）信息共享化

信息共享化是互联网发展所带来的最直接、最广泛的便利，信息不再只局限于某一个区域甚至某一个图书馆，而是逐渐形成了一个集各个图书馆于一体的泛在云图书馆。这种泛在云图书馆是基于网络共享技术的产物，将一个个现代图书馆当作整个社会信息网络的节点，整合资源、互相联系建立起来的。如今，人们越来越习惯于通过某个节点获取尽可能多的资源，使得信息共享有了更多的空间和自由，各图书馆间的信息交互往来更加频繁，并逐渐成为现代图书馆服务中不可缺少的一部分。共享技术和共享思想在这种趋势下得到良好发展。

（四）需求个性化

人的需求不是千篇一律的，而是根据其自身的特点、工作、学习等有着与众不同的个性化服务需求。随着社会的不断发展和人们思维意识的不断提高，读者对个性化服务的需求也越来越突出。因此，图书馆要紧随时代发展的脚步，建立一支专业的馆员队伍，了解用户的个性化需求以及保障信息的综合应用，为用户提供二十四小时不间断的自助式、个性化服务。

（五）交流实现互动化

与读者及时交流是图书馆获得用户反馈最重要的渠道之一。在新时代下，网络通信崛起，图书馆同读者交流也有了网络互动的新形式。

就图书馆方面而言，实现互动之后，图书馆对读者信息需求的了解会更加准确和及时，可根据读者需求提供其所需的全部信息，并以更简单快捷的方式提供给读者。

就读者而言，能够自由地向图书馆表达自己的信息需求，随时随地获取图书馆反馈的信息，减少了操作的复杂性和盲目性。

就读者之间的交流而言，读者不仅可以与图书馆沟通交流，还可以与其他用户一起互动，读者可以将个人的文献资料上传到信息共享平台与其他的读者共享，建立互动交流的机制。

（六）服务的多元化

单一的服务已经不能满足当今的用户需求，用户越来越习惯于在一个平台中实现信息的查询、获取、交流、阅读及发布功能于一体的集成式服务。图书馆利用现代技术，搭建起属于图书馆的网络服务平台，利用网络进行资源开发、应用和调度，根据用户的信息需求获取相应的信息，并提供给用户。

网络服务平台的构建为读者带来了空间上和时间上的便利，无须再受制于图书馆的开放时间和所处位置，读者可以利用平台随时随地查阅资料。无论何时、无论身处何处，只要有网络就可以进入图书馆的网络平台阅读书籍、查阅资料。

二、图书馆服务的内容

图书馆各项工作均围绕"服务"来开展，由此形成了一个完整的工作体系，这一体系包含五大方面：

（一）对读者的研究

图书馆各种服务工作都是围绕读者开展的，读者是图书馆工作的起点和最终归宿，是图书馆获得发展的一个关键因素。读者与图书馆的关系是相辅相成的，图书馆只有足够了解读者，才能更好地进行工作；读者只有足够了解图书馆，才能更好地满足自己的各项需求。要使图书馆服务工作顺利，首先要对读者进行系统的分析和研究，研究读者的阅读规律及文献需求，掌握这些需求与规律能够帮助图书馆了解读者，从而加强对读者服务的针对性，还能够不断改善图书馆的服务环境，拓展服务领域和服务方式，提高图书馆的服务质量。

1. 读者的文献需求研究

读者的数量众多，但由于其职业、生活习惯、学历层次等不同，他们的阅读需求、阅读的目的及规律必然存在区别；即使同一位读者，根据其所处的不同时期，他所需要的信息资源也存在明显区别。现代图书馆就是要特别关注这些不同类型的读者，找出他们的需求特点和差异，从而有针对性地提供相应服务。

2. 读者阅读规律的研究

这项研究分方向：①研究读者行为及心理规律，即研究读者阅读的动机、兴趣、能力和习惯，分析读者使用信息资源的特点，并对其阅读效果进行评估；②研究读者的信息素养与信息意识，包括社会环境同读者需求结构之间的关系、社会发展对读者文献需求的影响等。

（二）组织读者

为了实现服务和实施管理工作，图书馆需要围绕读者进行组织方面的一系列活动。新时代，各行各业的发展可谓日新月异，图书馆也不例外，其环境与任务也应随之变化。这就要求图书馆要牢牢把握住读者的阅读规律和实际需求，顺应时代发展，使自身服务紧紧围绕读者的需求。

读者是图书馆赖以生存和开展工作的前提，图书馆想要组织读者，首先要发展一支读者队伍。由于各类图书馆的主要目的与任务是不同的，使得各馆的资源、人员、环境和经费并不统一，服务方面也存在着一定的差别。而读者的类型和层次又受到自身年龄、工作、文化水平、职业以及信息需求的影响，因此不同类型、不同层次的读者对图书馆服务的期望和要求也存在着极大差别。这要求图书馆要根据读者的类型和层次划分出有共同需求的读者群体，并制定出适合他们的图书馆使用权限和服务方式，实现针对不同读者需求的差别化服务。

一般而言，首次入馆的读者需要进行注册，通过身份认证并取得借书卡后才能成为图书馆的正式用户，这十分考验图书馆的读者管理、划分和发展方面的制度。只有注册流程得以完善，才能更好地利用这些信息了解读者、研究读者，为图书馆未来的工作提供数据参考。不仅如此，这些信息还与图书馆的绩效、发展规划、管理改革等直接相关。

（三）组织服务

图书馆的组织服务是以其掌握的读者需求为基础，结合自身各种资源组织开展的，具有多层次、多角度、全方位的特点。组织服务的工作内容包括拓展服务的范围、丰富服务的内容、完善服务的方式、提高服务的水平等。这些内容不是一成不变的，而是根据新时代下图书馆的变化和读者的需求而不断调整的。

由于读者群体、层次以及需求复杂多样，因此不同图书馆要根据其所处环境、馆藏资源及馆舍设备等方面进行符合自身条件的调节，建立起多层次、多种类的综合服务体系，以满足不同层次读者的需求。

现代图书馆的出现依赖于科学技术的发展和网络的推广，以实现数字化为目标的现代图书馆，以发达的网络为基础，不断拓宽服务的范围以方便读者，解决资料选择和资料获取的问题。

尽管图书馆组织服务的开展要根据其自身条件和社会发展情况来决定，但图书馆也要朝着切实提高服务水平、增强组织服务能力的目标不断努力奋斗，以最好的资源和状态为读者提供及时、准确的信息。

（四）宣传辅导

作为社会文化公共服务机构，图书馆肩负着社会教育职能，具体包括三个方面：

①读者宣传。读者宣传的形式多种多样，目的是及时把图书馆内读者最需要、最关切的信息以主动推荐、主动提供的形式展示给读者。对读者的阅读需求及规律进行深入研究，是读者宣传的前提。以宣传图书馆先进思想、前沿科技和最新信息为主要形式，是对读者进行科学管理的基本手段之一。

②读者辅导。图书馆进行读者辅导，首先需要考虑的就是图书馆员对图书馆的各项服务流程、信息资源的掌握程度，这是开展读者辅导的基础，其次才是根据读者的行为习惯和信息需求，为读者提供差别化的答疑服务，从而在读者选择服务方式、阅读范围等方面对其做出正确引导，帮助读者更好地利用图书馆的资源，其提高阅读能力和阅读效果。

③读者培训。读者培训的方式多种多样，例如讲座、参观、教学等，一般是以培养读者的阅读兴趣和提高读者检索信息的技能为目的。首先是图书馆对读者群体进行分类；其次才是根据这个读者群体的共同需求制定相应的培训模式，使读者意识到图书馆是实现终身学习的主要场所，要学会利用图书馆及其资源充实自己的概念。

（五）服务管理

为保证图书馆服务的顺利进行和更好、更快向前发展，向读者提供方便、完善且高效的服务，必须对图书馆的服务进行科学管理。通常，服务管理分为三个层次：①人员管理，如调节人员配置、明确人员岗位责任、建立健全各种规章制度、优化人员分工与业务流程设计等；②设施管理，如及时更新图书馆设备及技术、创建良好的服务环境、完善服务体制等；③服务对象的管理，如制定读者发展的措施和计划等。

图书馆服务工作五个方面的内容相互制约、互为保障，缺一不可。首先，读者服务工作的前提就是要组织和研究读者，为后来的工作打下坚实的基础。其次，要对服务的各项工作进行科学有效的组织，构建起内容多变、层次分明、灵活的服务体系，为图书馆实现社会价值提供保障。再次，开展宣传活动不仅能够充分实现图书馆效能，还能够提高读者整体素质、增强读者获取信息的能力。最后，对图书馆的服务进行有效管理是图书馆服务顺利开展的有力保障。

三、图书馆服务的原则

（一）平等原则

平等是图书馆服务的基本原则和方向，所谓的平等原则，体现在权利和机会两个方面。

1. 平等地享有权利

图书馆界的"人权宣言"当中规定"图书馆面前人人平等"。图书馆管理者和工作者应坚守"读者的权利不可侵犯"这一职业信念，充分保障读者权利。图书馆的所有读者都应享有图书馆所赋予读者的平等合法权益，这些合法权益不带任何特权色彩。这些权益包括：获得图书馆用户权限的权利；阅读的权利；参与及监督图书馆的管理事务的权利；个人的人格、隐私不受侵犯的权利；咨询的权利；遵守馆内规章制度相关的权利与义务；提出合理建议的权利；接受卫生、安全等辅助性服务的权利；评价图书馆工作的权利；自身利益受到侵害时提出改进、提出诉讼或接受道歉的权利等。

2. 平等地享有机会

图书馆必须向因种种因素不能利用正常服务功能和资料的群体，如残疾人、住院的病人、在押犯人等提供一些特殊服务与资料。图书馆除了要保证用户能平等地使用图书馆的相应权利以外，更要为弱势群体的用户创造机会，使其能平等利用图书馆。弱势群体包括老人、住院病人、残疾人、犯人等一切不会或无法利用现代化设施获取信息的用户，图书馆应给予他们更多的关注，提供更便捷的服务，以弥补他们自身存在的客观差异。对待弱势群体，图书馆不仅要在行动上做到一视同仁，更要在思想上做到同等对待，努力保障弱势群体在图书馆所享有的权利。

平等和人文关怀是相对统一的两个概念，只有用户平等享受权利才能感受到人文关怀，而人文关怀的基础就是平等。追求人文关怀的平等原则，首先，要做到使用户方便、快捷地接触并使用资源；其次，使图书馆环境相对轻松、自由，营造"无障碍"图书馆；最后，尊重每一位用户的隐私，有责任地对用户所查询和利用的各项内容予以保护。

（二）开放原则

开放是图书馆向用户提供服务的前提，只有开放了才能对图书馆的用户提供服务。关于图书馆开放要做到以下几点：

①要保证开馆时间连续。图书馆要做到工作日开馆时间尽可能地延长，节假日不闭馆；虚拟图书馆要提供 7×24 小时的不间断服务。

②要保证图书馆能够对所有用户开放。图书馆赋予所有用户的权利不应以其国籍、种族、年龄、地位等而有差别，图书馆作为具备综合功能的社会文化中心应健康发展。

③要保证图书馆软件与硬件配套设施齐全，包括文献资源、基础设施、场地等都要为用户开放。不仅如此，还要加强图书馆之间的馆际联系，实现馆与馆之间的资源开放，落实资源共享，使本馆用户能够获取、利用更多、更全面的信息资源。

④要保证图书馆的用户在图书馆监督、参与等方面的参与权和决策权。图书馆应以设立"读者意见箱"、设立"用户监督委员会"的形式广泛吸取用户评价，寻找自身弱点，以求工作更加科学完善。此外，还要让用户对图书馆工作进行决策和监督，促使图书馆服务工作有序开展。

（三）方便原则

服务的根本目的就在于为服务对象尽可能地提供方便，使信息拥有最大的可获得性和易用性，图书馆也不例外。因此，如何为用户的信息获取和信息使用提供最大限度的便利，成为当代图书馆努力的方向。图书馆以为用户提供方便为原则和努力方向，是现代图书馆服务构建和谐关系的根本表现。

为了向用户提供方便，图书馆在图书借阅、图书检索等方面做了许多新尝试。比如：图书馆以采光好的明亮大开间作为建筑的装修风格，方便用户了解馆内情况；划分信息资源区域并设置引导标识，为读者做好指引工作。

为馆藏文献资源建立准确、规范的信息检索资料库，且检索方式便捷化，以方便用户查询。实行开架借阅，合理安排书目的摆放，使读者拥有与信息资源直接接触的机会；简化办证手续，提高馆内借阅效率，减少读者查询、等候的时间以及无效劳动；建立网络化服务平台，这样能为用户提供全天不间断的信息检索和参考咨询服务；设置无障碍设施；开展自助借还、送书上门的服务等。

图书馆为用户提供的服务需要从多方面考虑，从细节处出发，一切以为了方便客户为目标。

（四）服务满意原则

用户满意是图书馆服务最重要也是最为核心的一条原则，这是评估图书馆服务质量的金标准。图书馆的文献资源、馆员、服务方式、整体环境、设施等是影响用户对图书馆服务评价的重要方面，用户对图书馆的期望与其实际感受的差别大小是用户对图书馆是否满意的衡量标准。

图书馆可按照企业管理的理论划分服务满意原则的层面，可分为三个层面：服务理念满意、服务行为满意、服务视觉满意。

读者对于服务理念的满意是指图书馆秉承的策略、服务原则与办馆宗旨等管理方面的理念带给用户的心理满足程度。

读者对服务行为的满意，考验了图书馆各项服务在执行时的表现情况，其中包括：制度规章、业务建设、服务态度、服务能力、服务项目、服务效果等。

读者对于服务视觉方面的满意，是读者对馆内所有可视觉化形象感到满意。这不仅指环境、整体氛围、设施与设备，也包括了对馆内工作人员的工作表现与形象的满意。

服务满意这一原则是图书馆开展工作的基础，始终坚持"一切为了读者"。为满足读者需求，要利用多个渠道、通过多个层次、采用多种形式，多种措施并重。

（五）特色服务原则

如今，网络发展迅速，使得信息资源普及千家万户，用户越来越不满足于当前普遍化的服务，转而需求个性化、特色化、专业化的图书馆服务和文献信息。因此，图书馆想要吸引更多用户，得到更好的发展，就要树立特色服务，拥有自己的品牌效应，这要根据其工作任务、服务的对象以及地域的区别制定别于其他图书馆的服务方式、管理与信息搜集等方面的特色内容。为了解用户微观化和个性化的服务，图书馆要有针对性地对特定用户进行分析，以满足其特殊需要。

（六）创新服务原则

信息服务要创新内容，从提供服务转向提供知识，增加网上咨询、网上查询等服务项目。利用最新的网络平台开发服务模式，提供各种数据库服务、基于服务的知识、因特网或网络资源服务、推动虚拟参考服务活动，改变图书馆服务的地位。

世上一切的事物是不断发生变化，时时进行创新的，图书馆也是如此。不断变化的一切自然包括馆内一系列文献，用户信息以及馆员的服务技术、专业能力等。图书馆要做到时时创新，首先，就是要明确创新意识，这对图书馆提出了四点要求：①主动化。图书馆要以用户为一切工作的出发点，主动为用户提供尽可能方便的服务。②优质化。图书馆的服务质量要做到"精、快、广、准"，为用户提供新型、便捷的服务。③品牌化。图书馆要树立品牌化意识，将有别于其他图书馆的服务方式、馆藏、活动等加以突出，建立属于本馆的特色品牌。④专业化。图书馆内要建立起一套严格、专业、系统的服务准则，用以规范馆员的行为。其次，在服务内容上要有所创新。利用网络服务，由传统的线下服务方式转向线上、线下服务并重；对个性化需求提供多种服务方式；开展多种多样的馆内活动等。最后，对服务方法进行创新。基于互联网的发展势头，单一的图书馆借阅模式已经跟不上潮流，产生了各种线上服务，比如网上咨询服务、智能化代理服务、网络呼叫等。

（七）资源共享原则

信息爆炸的时代，数据倍增，层出不穷的信息资源使图书馆不堪重负，无法对每一种资源做到面面俱到的收集，但这与新时代下日益增长的用户信息需求相违背。因此，图书馆为解决以上难题必须走资源共享的道路，加强馆际之间的共享，不仅使馆内图书馆馆藏信息资源的利用最大化，还能为用户提供更多便利。

第四节 图书馆数字环境建设

一、数字图书馆的资源优化路径

(一) 基于知识管理的数字图书馆资源建设的优化路径

1. 知识管理与数字图书馆资源建设的优化

在知识经济时代，经济的发展是以高新技术产业为支柱的，企业的发展日渐趋向高技术化、知识化转化，知识管理首先应适用于这些新兴的"知识型"企业。目前，以微软、英特尔、安达信等跨国公司为代表的"知识型"企业纷纷推出了各自的知识管理方案或行动计划，由此产生了相当可观的经济效益，这种模式被称为"微软管理模式"，被众多企业所效仿。在数字图书馆的建设中，知识起着重要的作用，图书馆如何运用知识管理的理念指导和优化数字图书馆资源的开发建设，以提高图书馆在不断变化的数字环境下的应变能力，是图书馆在 21 世纪自我生存和发展的必然趋势。

(1) 知识创新和知识重组——改变传统的"藏书建设"理念

传统图书馆的藏书建设侧重于表达知识的记录型信息，即侧重于显性知识的管理，而往往忽视隐性知识的管理，这里所指的隐性知识包括图书馆员或用户个人的知识、经历和工作技巧等。其实，隐性知识对于从事知识创新更为有效，它存在于人们的脑海里或者组织的结构和文化中，是工作中所取得的经验性知识，不易被他人获知。知识重组就是有效地组织隐性知识，精练、提取、发现隐含在信息中的有用知识，对其进行集合组织，设立一个包含信息使用者所需的相关知识信息的内容和地址的知识库，最终实现知识的转换和创新，因为只有这样才能实现知识的共享和交流。图书馆的知识管理属于公共知识的管理，其重点是：显性知识的有效开发、研究和应用，馆员或用户隐性知识的交流、共享和创新，加快隐性知识的显性化，实现显性和隐性知识的转化和共享。从事知识创新是图书馆员在数字图书馆时代的重要使命，如图书馆的定题服务，就是把知识作为产品的一部分，要想使产品增值这些知识就必须是最新的。图书馆员要利用知识的原材料，通过科学研究把握知识之间的关系，来生产、创造新的知识。

(2) 知识仓库——数字图书馆资源建设的核心内容

在数字化领域中，图书馆的工作重心开始移向网上信息的描述、管理和服务，利用现代化技术将更多的特色资源和常用资源数字化，通过元数据的应用，对这些信息资源进行组织研究，最终形成知识仓库。知识仓库是一种特殊的信息库，库中的元数据有相关的语境和经验参考。知识仓库相对于数据库而言，拥有更多的实体，它不仅仅存储着知识的条目，还存储着与之相关的事件、知识的使用记录、来源线索等相关信息。知识仓库是一个有机体，其生命力在于不断地更新。不断地周期性地对知识仓库内的知识评价更新，才能提供全面、广泛和准确的信息源。

各种特色数据库是知识仓库的主要数字化资源。目前，我国众多的图书馆、信息服务机构和商业公司已经开发了许多数据库，其中包括馆藏书目数据库和馆藏期刊数据库及特色数据库、专业数据库和商品化数据库。网上中文数据库是数字图书馆建设的重点，我国具有代表性的网上中文数据库有：中国期刊网、万方数据库资源系统、中国数据库和中国科学院科学数据库等。这些数字化学术资源，都可以进行面向内容的知识管理，基本能实现"为最需要的人，在最需要的时间，提供最需要的知识"的目的。

2. 知识管理和人力资源的开发与利用

知识管理理论的一个重要思想就是强调人在知识管理过程中的核心作用。人既是管理的主体，同时是管理的客体，人力资源是图书馆知识资源中最具创造力的资源，我们将其纳入整个资源体系中。这种资源体系主要由以下两部分构成。

（1）图书馆知识主管（CKO）体制——一种新的组织管理方式

现代信息技术已成为影响企事业单位竞争力的重要战略武器。信息就是财富，信息就是机遇，谁捕捉的信息越多，信息投入越大，所得的回报就越丰厚。要从混杂的信息中过滤出具有价值意义的信息，就需要有一双能够识别真假虚实信息的"神眼"。图书馆知识主管的职责是要建立一个知识积累、信息共享的环境，监督和保证知识仓库内容的质量、深度和广度，时时捕捉社会、图书馆本身和图书馆员的知识需求，为知识库不断注入新内容，使之及时更新，保障知识库设施的正常运行，促进知识集成、知识生产、知识转让和知识共享。这些知识不仅仅是数据，更重要的是深入人心并存储在大脑中和发表著作中的智力资本。

（2）图书馆的人才建设——数字图书馆信息资源建设的关键

人在知识管理中处于核心地位，要建设一流的现代图书馆，就必须拥有一流的图书管理方面的人才。图书馆员应具备较高的信息素养和知识素养，使自己成为一个独立的终身学习者、知识的创造者、知识的中介者、信息的提供者。在数字环境下，用户要在海量信息中寻找自己所需的信息，很容易迷失方向，产生信息混乱。知识地图是利用现代技术制作的知识资源的总目录及各知识款目之间关系的综合体，实质上是知识目录的总览。图书馆员通过编制知识地图、培训用户等方式帮助人们识别、找到他们所需的知识。馆员也从图书保管员向知识导航员过渡。

知识信息咨询也是现代信息产业的重要组成部分，信息咨询水平的高低直接影响图书馆未来的社会地位及影响力。图书馆员依托于丰富的数字图书馆信息资源、先进的信息咨询工具和 Internet 网，提供的服务范围包括定题服务、科研查新服务、读者培训服务等，并力图向全社会深入广泛地延伸，向全方位的服务模式转化。咨询馆员要根据馆藏特色和市场经济对信息的需求，与各级图书馆、科研机构、学术团体、金融、贸易等领域的咨询机构合作，扩大服务范围，提供人才、物资、市场、金融、法律等综合咨询服务，开展常年的信息代理、中介服务、技术咨询、专题资料的搜集和跟踪服务。

因此，图书馆要根据整体资源配置的需要，积极引进一些学有特长和特殊专业的人才；馆员应定期接受教育培训，积极参加各种会议及学术交流，不断更新自身知识，提高自身的竞争力。总之，图书馆员应立足于丰富多彩的图书馆实践，通过捕捉、发现实践中的问题，对其加以创造性的研究，为发展和完善图书馆理论体系增砖添瓦，成为发展和创新图书馆学的一支重要力量。

（二）数字图书馆中网络信息资源的优化整合

数字环境下图书馆信息资源的优化整合与开发利用，是国内外图书馆理论界探讨的重大课题之一。该成果通过对我国东、中、西部各行业有代表性的图书馆实地调研，在参考借鉴国外图书馆信息资源整合开发的实际操作模式和成功经验基础上，对我国图书馆信息资源优化整合与开发利用问题进行了系统研究，并提出了相关工作思路和应对措施。

1. 图书馆信息资源的优化整合

（1）图书馆信息资源优化整合的原则性

具体有以下几种。

①科学性。信息是一种网状结构，由众多结点和结点间的联系组成。结点是组成信息的最细成分；信息关联是若干个信息因子间的联系。信息资源的优化整合针对的是信息因子的有序化和信息关联的网络化。

②系统性。数字环境下图书馆信息资源由实际馆藏和虚拟馆藏两部分组成。只有系统地、连续地从馆内与馆外、国内与国外收集和积累各种数字信息资源，进行优化整合，才能不断充实和发展图书馆的实际馆藏和虚拟馆藏。

③标准化。传统图书馆在信息资源建设过程中采用的软件差异很大，各馆的数据库建设也各自为政，其标准和格式不一致，无法在网上共享。信息资源整合必须按标准进行。

④共享性。图书馆间只有通过协同发展，才能形成互为补充、利用、推动的文献信息

资源保障体系，才能最终实现提供网上信息服务，发挥信息网络的作用。

⑤效益性。社会效益指数字图书馆运行所产生的有益于社会进步的效果，给读者所带来的满意程度，对社会发展所起到的促进作用等。经济效益主要指图书馆对科技进步、宏观决策以及相关产业发展所起的作用。

⑥特色性。从网络整体出发，进行资源的合理配置，把图书馆网络建设纳入整个地区、国家和全球信息网络中，加强特色数字信息资源开发，建立特色数据库。

⑦安全性。采取必要措施，保证图书馆网络与信息资源的安全与正常运行。保护措施有：防火墙技术、VPN（虚拟专用网）技术、加密技术、网络病毒防治技术、跟踪检测技术等。

（2）图书馆信息资源优化整合的基础

信息资源网络建设是信息资源优化整合的基础，信息资源网是根据用户的不同信息需求，有针对性地进行有关信息的采集、加工、包装，形成信息产品提供给用户，在通信网和增值服务网上组织运行的信息应用系统。

（3）图书馆信息资源优化整合的重点

数字环境下图书馆数据库建设应走馆际联合协作的建设道路，同地区、同专业类型、同系统馆间应分工协调，尽可能地避免重复建设和人力物力的浪费。

（4）图书馆信息资源优化整合的目标

现代图书馆更加注重信息资源开发利用程度，最大限度地满足不同用户的需求。信息资源体系建设以网络为依托，将不同的馆藏资源共享，满足更大空间范围用户的信息需求。

（5）图书馆信息资源优化整合的方式

具体的方式有以下几种。

①文件方式。文件是一个具有符号名的一组相关的逻辑记录的集合。网络条件下以文件方式整合信息资源有简单方便的优点，能存储非结构化信息。

②数据库方式。数据库是在存储设备上合理存放的相互关联的数据集合。信息能高速处理大量结构化和非结构化数据，以信息项作为数据的最小存取单位。

③主题树方式。主题树提供一种界面机制，用户通过界面与网络信息资源的主题目录交流，通过主题目录间接地连接多个实际的数据资源。信息检索由用户按规定的分类体系逐步查询，目的性强，查准率高，具有良好的可扩充性和严密的系统性。

④超媒体方式。超媒体技术将文字、声音、图像、视频等多媒体信息以超文本方式整合起来，用户通过高度链接的网络结构在各种信息库中自由航行，找到所需要的信息。超媒体方式具有联想式的信息整合方式，具有图、文、声并茂的信息服务功能。

2. 图书馆信息资源优化整合的工具

具体的工具可以分为以下两种。

(1) 分类法

分类法把表示各学科的类目，按信息资源分类原理进行系统排列，并以代表类目的数字、分类号作为文献主题的标识。分类法主要按学科、专业集中文献，并从信息资源分类的角度，揭示各类文献在内容上的区别和联系，提供由分类检索文献的途径。

(2) 主题法

主题法将自然语言的语词经过规范处理后直接作为文献主题标识，并按字顺排列，结合参照体系和其他方法间接地显示概念之间的关系，提供由事物名称检索文献的途径，包括标题法、单元词法、叙词法、关键词法、自由标引法及其他自然语言检索法。

3. 图书馆信息资源的开发利用

(1) 确立战略目标

①主客观条件。客观条件包括信息源、资金、设备、人员以及政策、法规等。主观条件指从事信息资源开发人员的能力。信息资源开发利用的战略目标应为符合我国图书馆事业发展的状况，遵循信息资源开发与利用的规律，不断提高图书馆信息资源开发与利用的程度。

②目标分解。近期目标在3—5年内实现，主要任务包括搞好信息资源的普查，制定信息资源开发与利用的相关政策与法规，开发一些信息资源加工的软件，构建大型常用数据库平台；中期目标在5—10年内实现，主要任务是不断开发出符合我国信息资源发展特点的软件，建成具有自己特色的大型数据库，实现国内信息资源的共享；远期目标在10—20年内实现，在完善信息资源网络和实现信息资源共享的基础上，积极参与国际信息资源建设的竞争，实现全球资源共享。

(2) 应遵循的原则

①客观性。要客观冷静地分析经济实力及信息资源开发能力、加工速度、利用程度等，任何方案的制定都应符合客观实际。

②针对性。由于信息资源的多元化，不同时期的信息资源呈现出不同的特点，因此，信息资源的开发与利用应加强针对性。

③整体性。数字环境下的信息资源分两部分，一是印刷型，二是非印刷型，它们相互依存、相互补充，构成了数字环境下的信息资源体系。

④效益性。从管理学的角度看，人本原理、系统原理和效益原理是任何一种管理都必须遵循的三大原理。人本原理和系统原理是管理的保障，而效益原理是管理的出发点和归

宿，提高效益是管理的根本目的。

(3) 开发利用的形式

①多级开发与利用。根据原始信息资源编制有关书目、索引，为一级开发；根据信息资源编制文摘或资料，为二级开发；根据收集到的信息建立全文数据库或系统档，为三级开发；对信息资源进行专题分析、综述，为四级开发。

②系列开发与利用。信息资源的题名、责任者、国际标准书号、分类号、主题词等信息资源开发点和利用点，形成了信息资源开发与利用的多视角，成为从不同角度开发但又相互配套的系列研究产品。系列开发还应该包括对某一用户进行连续不断的信息服务。

③合作开发与利用。图书馆之间、科研机构之间、企业之间、图书馆与其他行业之间以及跨行业跨部门之间的合作，是确保信息资源开发工作向纵深方向发展的基本保证，也是提高信息资源利用率的前提。

4. 信息资源优化整合与开发利用的具体建议

(1) 宏观调控，组织协调

建立一个全国性信息资源管理的职能机构，负责全国信息资源建设、布局、共享及优势互补的总体规划，组织实施全国各系统、各地区图书馆信息资源的合理配置、优化整合及开发利用，对信息化、自动化、网络化建设和发展等进行统一规划和指导。

(2) 规划目标，分工协作

从全局出发，制订有关图书馆信息资源优化整合与开发使用、共建共享和发展方向的规划目标，用这一规划对信息资源建设进行统一管理、统一协调，最终建立起多级的信息资源保障体系。按照分工的原则，中央级组织机构负责全国的信息资源开发与利用，各省、市级负责本省、市信息资源的开发与利用。

(3) 制定法规，规范标准

尽快颁布有关法规法令，把信息资源建设置于法律监管之下，制定有关的标准与规范，使信息资源建设大到知识产权、小到信息加工的标准做到有章可循。

(4) 多种渠道，增加投入

数字环境下图书馆数据库建设是首要任务，应更多地增加专项资金投入。在政府加大投入的同时，各馆可根据数据库类型和规模的不同，利用国家投资、社会集资或机构内部匹配资金，有计划地建设各种数据库。

(5) 加强队伍建设，提高素质

必须造就一大批懂图书馆管理，掌握计算机技术的复合型人才。要系统学习图书馆学理论，运用理论指导实践，不仅能熟练使用计算机，掌握外语、网络、国内和国际联机检索及网络技术，还要有网络维护、开发软件的能力。同时，要进一步加强在职人员的业务培训，从整体上提高馆员的业务素质和工作能力。

（6）信息资源共建共享

图书馆信息资源的优化整合与开发利用必须走合作开发之路，走共建共享之路。利用整体的智慧、资金、人才，采取共建策略，是实现数字环境下图书馆信息资源优化整合与开发利用的唯一出路。

（三）数字图书馆资源积累模式优化策略

1. 资源积累模式

数字图书馆资源积累方式，可分为自建数据库资源、商业化数据库资源、馆际共享数据库资源，互联网检索资源等。

自建数据库是工作人员将馆藏资源进行数字化处理，或馆藏数字化资源整理，并录入数据管理系统而成的有形资源，包括随书光盘、学位论文、影音数据库等。商业化数据库是数字图书馆以试用或购买的方式从信息服务企业获得的资源。由于数字图书馆只有商业化数据库的使用权而没有所有权，因此商业化数据库资源属于一种无形资源，如CNKI、维普、超星、Elsevier等。

馆际共享数据库是图书馆通过馆际合作、资源共享获得的数字图书馆自建数据库资源。馆际共享形式一般有两种，一种是"自建—共享"，另一种是"共建—共享"。

互联网上存在大量免费资源，图书馆工作人员通过搜索、整理的方式进行资源获取，也是数字图书馆资源积累的一种有效方式。

2. 资源积累方式特点

自建、购买、馆际共享、网络检索等方式都可以实现资源的有效积累，但各种资源积累方式又存在一定的优缺点与适用前提。通过对这些资源积累方式在人力投入、资金投入、数据可靠性与完整性、读者服务稳定性与数字环境方面的特点进行比较，可以发现，自建、购买、试用等资源积累方式都存在一定的缺点，馆际资源共享的方式又以馆际合作与自建数据库资源积累为前提条件，因此只有根据数字图书馆的特点与实际情况，合理优化资源的积累模式，才能实现资源的高效积累。

3. 资源积累模式优化策略

（1）自建数据库

自建数据库资源既是数字图书馆建设水平的标志，又是馆际合作、资源共享的基础，因此自建数据库应作为数字化图书馆资源积累的首要方式。数字图书馆在自建数据库过程中应做到以下两点。

一是做好馆藏数字化资源的整理、入库工作，提高自建数据库积累的工作效率。随书光盘、学位论文、影音资源等不需要数字化处理，经过简单整理后就可纳入自建数据库，能够显著提高自建数据库积累的工作效率。

二是重视互联网资源的搜集、整理，不断扩充自建数据库资源量。互联网上具有丰富的免费资源，工作人员通过搜集、整理的方式将有价值的内容纳入自建数据库，可进一步实现自建数据库资源量的扩充。

（2）购买数据库

商业化数据库以其内容丰富、服务稳定、数据完整可靠等优势，成为数字化图书馆资源积累的重要补充。对于图书馆这种非营利服务部门来说，如何做到在尽量满足读者需求的前提下，减少资金的投入，成为购买商业化数据库的根本原则。在进行商业化数据库购买时，应做到以下几点。

①读者调查、读者决策。数字图书馆在购买商业化数据库时应按照先试用后购买的步骤进行。在试用过程中，通过读者调查的方式对数据库内容的丰富性、服务的稳定性等指标进行评价，并根据评价的结果来决定是否购买该数据库，这既体现了数字图书馆以人为本、读者至上的服务宗旨，又避免了盲目购买商业化数据库所造成的资金浪费。

②避免重复购买。当前同种类型的商业化数据库有很多，在选择购买时要本着数据库内容丰富、完整、服务稳定的原则，避免同种类型的数据库重复购买造成的资金浪费。

③合理决策开发读者数量。购买商业化数据库开发读者的数量与资金的投入成正比，因此对读者访问数据库情况进行记录、统计与分析，合理决策开发读者数量的大小，不仅可以提高所购商业化数据库的利用率，还节省了资金的投入。

（3）馆际共享数据库

馆际共享数据库作为一种高效的资源积累方式，符合了读者群的要求，是当前数字图书馆资源积累应努力实现的目标。馆际合作与自建数据库资源积累作为实现资源共享的两个基本前提，在数字图书馆建设过程中应受到广泛重视。为了更好地加强馆际交流合作，实现资源共享，应做到以下几点。

①加强数字图书馆建设，提高特色数据库资源的积累量。数字图书馆不仅要重视资源的积累，还要保证读者服务的稳定性，通过提高网络信息资源服务水平的方式来吸引其他数字图书馆的交流与合作，进而实现数字图书馆间的资源共享。

②加强图书馆之间的交流，树立良好的形象。馆际交流促成了馆际合作，数字化图书馆在建设过程中应重视与其他数字图书馆之间的信息交流，并在其中树立良好的形象，为以后的馆际合作奠定基础。

③积极联合其他数字图书馆进行特色数据库的共建与共享。一家图书馆建设特色数据库的能力毕竟有限，通过积极组织、联合其他图书馆的方式进行特色数据库共建与共享，既减少了人力资源的投入，又可实现资源积累。

（4）整合互联网资源

互联网资源的检索费时费力影响读者获取信息资源，因此数字图书馆应重视网络导航系统的建设。图书馆工作人员通过积极的网络探索，发现有利用价值的免费资源，并将这些资源整合后以网络导航的形式呈现给读者，也是数字图书馆资源积累的有效方式。

数字化资源的高效积累是提高数字图书馆网络信息资源服务水平的前提。数字图书馆在加强特色数据库建设、提高自建数据库效率的同时，应积极通过馆际合作寻求图书馆间数据库共建与资源共享，并严格遵循商业化数据库采购流程，提高商业化数据库的利用率、减少资金投入，最终在优化积累模式的基础上实现资源的高效积累。

二、数字环境下的安全优化路径

（一）数字环境下电子阅览室的管理与建设

当前，传统的图书馆信息服务已经无法满足用户的需求，而电子阅览室将发挥更大的作用，因此，加强电子阅览室的管理，优化学习环境，是提高电子阅览室使用效益的有效途径。

1. 提高阅览室工作人员的业务能力，优化学习环境

电子阅览室是指图书馆管理员在一定的环境中使用一定的媒介和方法，有计划、有目的地进行素质教育和培养的过程。在这一过程中，电子阅览室工作人员的工作有着不可忽视的促进作用。电子阅览室工作除了要求电子阅览室工作人员培养强烈的责任心和良好的职业道德外，还要求他们成为一支胜任其职的专职管理队伍，提高他们履行岗位职责所应具有的业务能力。从这方面来看，电子阅览室工作人员必须具备如下条件：对用户的需求情况有所了解；具备一定的专业计算机技术和操作技能，能迅速地判断一般性的故障，并熟练地将其排除。

2. 明确阅览室工作人员的工作职责，是优化学习环境的关键

电子阅览室出现故障的主要原因是使用率高，对其重复使用不便管理。当前，电子阅览室学习设备不能满足用户的需求，经常处于超负荷运行，是造成设备完好率差的主要原因，但更主要的原因是维护人员缺乏设备使用和设备维护方面的知识。在电子阅览室，用户以设备为手段来完成学习，一流的学习质量需要一流的学习设备和管理来保证。有了先

进的学习设备而无人管理或管理不善，先进的设备也会闲置或不能发挥其应有的作用。电子阅览室应建立和健全制度，加强对使用者的管理。就这一方面而言，明确阅览室工作人员的岗位职责，是优化学习环境的关键。阅览室工作人员的基本职责应该包括以下几个方面：熟悉和掌握设备的性能、操作规程和使用状态，做到心中有数、操作自如；用户初次使用前，阅览室工作人员应向他们着重说明各种规章制度和纪律处罚原则；要建立学习设备的检查制度，包括日常检查和定期检查。日常检查是经常性的维护保养措施，主要放在每次使用前后进行，重点检查易损部件和设备的运行状态；每一段时间至少进行一次检查调试，通过检查调试发现设备潜在的问题及保养情况，及时进行维修，使设备处于良好状态。这样既能保证用户的需要，又能使设备得到有效的保护，延长其使用寿命。

3. 提高管理员的技术，是提高电子阅览室的使用效益的有效途径

加强对设备的管理，使学习设备经常保持完好，是用户能够在电子阅览室中顺利完成学习的保证。目前电子阅览室设备发展很快，从简单的听音、对讲到多媒体，设备越来越复杂，功能越来越齐全。但是有些功能的使用率却极低，很多用户往往是将功能电子阅览室当作单一的"网吧"使用，没有充分发挥先进设备的使用效益。要提高电子阅览室的使用价值，管理员起着主导作用。提高管理员的技术，是提高电子阅览室使用效益的有效途径。

由于每个用户的需求有所不同，且他们没有经过专业知识的培训，对于掌握设备的性能有一定的困难，很难去研究设备的性能及操作程序。所以，用户在操作使用设备过程中难免会出现问题，并影响学习效果，也就更谈不上进一步开发利用设备的功能。要提高管理员的技术水平，应对经常管理员进行操作培训，特别是对新电子阅览室的管理员更要进行系统的培训，使他们到电子阅览室上课时能正确、熟练地使用设备，并对所使用的电子阅览室的主要技术性能，包括主控台的配置方法都要有一定程度的了解。目前，大部分管理员仅能进行简单操作，要改善这样一种状况，就要有针对性地加强图书馆管理员的计算机能力训练和培训，使他们能充分地利用和开发设备功能，提高电子阅览室的使用效益。

4. 加强卫生管理，优化学习环境，是调适用户心理的客观因素

在学习过程中，很容易被人们忽视的因素就是用户的心理状态及调适工作。用户的心理状态如何对于获取知识的效果事实上有直接的影响。其中，图书馆电子阅览室的室内环境对于用户的心理状态有不可忽视的影响。如果图书馆电子阅览室的室内环境遭到污染，包括地面上的泥土、灰尘或是纸屑（更不用说桌面上的涂鸦了），都会影响用户的心理状态、注意力及情感。这是一个最棘手最难管理的问题。因此，加强图书馆电子阅览室的卫生管理，优化用户的学习环境，是调适他们学习心态，推动和激励他们学习兴趣、学习情感有效的客观因素。

5. 加强交流与协作，是提高电子阅览室使用效益的保证

加强语言实验室管理，优化用户的学习环境，有效地发挥图书馆电子阅览室的特有优势，是现代化教学的现实要求。当前，电子阅览室被广泛应用于各大图书馆，图书馆工作人员应积极学习和掌握新的技术和设备管理方法，熟悉教学状况，以便更好地为获取信息资源进行服务。加强各方之间的交流与协作，是提高电子阅览室使用效益的保证。我们可以采取"请进来、走出去"的方式，加强与语言设备生产厂家（商家）、使用同一设备用户的联系，积极交流开发设备功能方面的经验，提高设备的利用率。

6. 加强信息资源建设，实现电子资源共享

随着计算机技术的普及和网络化的实施，电子文献、网上信息、光盘库、镜像站、电子图书馆等多媒体的文献资源结构正逐渐代替传统的图书、杂志和报纸等文献资源结构。为此，图书馆应立足于自身的优势，从以馆藏文献服务为主转为以信息服务为主，建立全新的开放体系；同时图书馆还应加强电子文件的采购，调整传统的出版文献与电子出版物的比例，更为重要的是，图书馆的管理员应熟悉收藏检索工具和全文电子文献的检索工作。也就是说，图书馆在加快其数字化、电子化建设的同时，必须拥有一批具有较高信息素质的、承担电子文献与读者互动交流任务的管理员队伍，培养出能掌握新的信息和电子技术的人才队伍，以满足用户电子资源共享的要求和需要。

在现代社会中，互联网的互动式传播，为人们提供了符合人类联想思维特点的大规模的知识库和信息库，为人们主动地学习新知识，认识新世界，实现自我发展提供了技术配备和传输方式，图书馆作为公共信息流通的优势不复存在。我们必须有针对性地选择各种电子文献、各种数据库和网络信息源，同时图书馆管理人员应善于利用计算机网络优势，通过网络下载、组织和整理网络信息资源，对网上资源进行评价和选择，以优化图书馆的管理。

（二）流媒体技术在数字图书馆中的应用分析

在今天的网络技术发展下，数字化文献资源建设已经由传统的文本图片转化为音视频等多媒体数字信息资源的数字化加工、存储和传播及应用，流媒体技术的出现，使多媒体信息资源在互联网上的通畅传输成为可能，但也为图书馆的服务创新带来了新的问题。

1. 对流媒体的认识

（1）流媒体

流媒体（Streaming Media）是 Internet 网络中使用流式传输技术的连续时基媒体（如音频、视频或多媒体文件）。这些基媒体先经过特殊的压缩，然后分成一个一个压缩包，由服务器向客户机连续、实时地传送，用户不必等到整个文件全部下载，只需经过几秒或十几秒的启动延时即可对其进行查阅，而文件的剩余部分将会在后台从服务器继续下载。流媒体技术包括流媒体数据采集、视/音频编解码、存储、传输、播放等领域。

这里主要有网上电影点播、歌曲点播、电台电视台的网上直播等。我们把流媒体技术引入图书馆的多媒体信息资源管理，正是基于易于管理、使用方便的原则。简单来说就是把现有多媒体信息资源进行编码后变成体积相对较小的流媒体文件并放到网络服务器上，有了流媒体技术，读者想观看或收听图书馆提供的多媒体资源的内容，通过网络即可实现，而不用亲自到图书馆来，也不受图书馆开馆时间的限制，真正实现了打破地域、时空的限制。

（2）流媒体的优点

多媒体信息被转换成适合网络传输的特定的数据格式后，没有传统播放系统搜索和更换碟片的现象；支持多点并发，具有一对多、多对多的特性，可满足多人同时在线播放同一个或多个不同的音视频信息资料；采用先进的数据转换压缩技术，支持多种压缩格式，图像清晰，音质优美，即使反复使用，音质和图像也不会受磨损；用户可根据自己的兴趣和需要随时播放多媒体信息，不受时间、空间和地域的限制；流媒体技术边传输边播放，不会在用户端留下任何多媒体资料的拷贝，对作者的知识产权有了较有效的保护作用；采用流媒体压缩编码技术，文件压缩率高，节省存储空间，传输时对带宽资源消耗低，还不容易造成网络的堵塞。

2. 流媒体在数字图书馆中运用存在的问题与解决方法

流媒体数字信息资源在图书馆的使用还不是非常成熟，还存在着一些不足，具体表现为以下三个方面：

第一，内容缺乏，更新速度慢。目前，各图书馆的流媒体服务质量参差不齐，普遍存在功能不完整、性能和扩展性较差等缺陷。由于用户资源相对独立，导致开发周期较长，业务提供慢，服务模式单一，不能有效地满足需求的变化，缺乏灵活性，而且有很多图书馆自建的流媒体数字信息资源多以娱乐为主，缺乏学术性，缺乏馆藏特色。流媒体的播放方式以点播为主，对直播和广播的运用还不够。数字图书馆普遍采用了北京爱迪科森技术有限公司的产品——网上报告厅。虽然网上报告厅实现了内容提供技术支持一体化，但是其内容提供商数量较少，信息种类单一，其合作单位也仅仅是局限在中央党校、中央电台、中华医学会、中国医学会、中国经济 50 人论坛等部分权威学术机构专家报告资源。作为图书馆不仅要加强自身的服务内容提供，还应积极扩大内容提供商的范围，保证内容提供的可持续、更新的快速化发展。

第二，检索能力尚未实现突破。传统流媒体信息检索除了文本方式以外，就是通过快进快退等简单枯燥手段实现的人工检索，现代的流媒体信息检索希望通过画面、声音、图形活动帧、视频情节等来检索到想要的视频文件或者影像片段，即基于内容的视频检索。例如在电影中检索喜欢的情节，在学术报告中检索感兴趣的话题，在体育节目中检索喜爱的体育活动。基于内容的视频检索，根据视频的内容和上下文关系，对大规模视频数据库进行检索。它提供这样一种算法，在没有人工参与的情况下，自动提取并描述视频的特征和内容。这是一门交叉的学科，它涉及多媒体处理、人工智能、数据库、人机交互界面设计、快速索引等问题。目前国内外已经开发出了多种视频数据检索系统，但技术还不是很成熟。

第三，缺乏资源共享。任何一个图书馆都不可能将多媒体数字信息资源搜集齐全，在实际工作中，各图书馆往往有不同的信息资源，再加上各自为政，因此存在部分资源重复，而一些重要资源却严重匮乏的状况，对此，各图书馆则可以根据自己馆的特点来建立特色多媒体数字信息资源，然后实现共享。

数字图书馆基于流媒体技术信息共享中可能遇到一些的问题：流媒体技术种类繁多，需要决定以哪一种为处理的范本和提供的形式，版本不同会导致播放过程中的不兼容，影响用户使用，高版本播放工具是可以播放低版本文件的，反之则有；参数设置的不同导致文件大小和文件质量的不同。在数据采集和数据转换的过程中，参数设置的不同会使馆藏文件出现优劣不一致的情形，不利于多媒体文件整体保存，也给用户的选择带来困难。可以采用某种参数作为行业标准，以此为基础提供多形式和样本的服务。转换工具的不同也会导致文件的大小及质量不一致。这是因为在不同的工具环境下，采用的算法是不同的。最好在这种转换过程中使用特定的工具，它不一定是技术最好的，但可以是市场应用最广的，有利于用户使用的。

流媒体的出现和广泛应用将节省大量的资金，将流媒体与微软的 Office 软件结合在一起，必定为人们的工作带来一场革命。我们同样有理由相信，随着流媒体服务的发展，对流媒体的处理和大量应用，将为数字图书馆和用户之间的关系带来一场革命，成为图书馆的一大特色服务。

第六章

图书馆服务与管理的创新

第一节 基于网络环境下图书馆服务理念的创新

一、当代图书馆服务理念的构建

（一）一切为了用户的理念

图书馆服务的目的是以用户为中心，把社会的每一个人作为图书馆的服务对象或潜在的服务对象，是为了所有使用图书馆的人更好地获取资源。对"读者"概念最大的改变是因为网络的出现，网上图书馆的发展，使图书馆用户不再局限于本地，而是遍布天涯海角。一个人，无论在世界的哪个角落，只要点击了某一图书馆的网站，他就是该图书馆的用户。网络时代，图书馆用户到底有多少，不仅包括用借书证统计到馆的人数，还包括访问网上图书馆的人数。用户服务已经突破了传统"读者服务"的人数、时间与空间的限制。

（二）从"读者第一"到"用户第一"理念

对整个图书馆服务来说，读者至上是永远正确的，始终是最重要的，我们必须努力地做到这一点。21世纪的图书馆不仅要考虑"读者第一"，更要考虑"用户第一"。不仅重视人们对图书馆的阅读需求，还要重视图书馆不只为本地区、本部门的用户服务，还要为本地区、本部门以外的所有人服务。有了"用户第一"的理念，就可以反思现行图书馆服务的许多做法，如凭借书证发放座位牌、不准带书到图书馆自习、将不看书的读者赶走等，这些做法在考虑阅读保障的同时忽视了用户利用图书馆的权利。图书馆要改善服务，既要改善阅读条件，吸引读者到图书馆来阅读，也要改善其他条件，吸引用户到图书馆来享有图书馆的所有资源。

(三) 人性化服务理念

图书馆的服务要以人为本,处处把人放在最重要的位置。长期以来,图书馆的服务存在很多非人性化现象,如在馆内设置监视器,每个阅览室有防盗装置等。人性化服务是以尊重人、理解人为前提的,充分考虑人的需求,最大限度地给予人以自由空间的服务。过去强调制度,现在强调人性化。制度是基础,人性化是方向,两者必须结合起来。人性化服务不是口号,而是具体的行动,是于比较细微处见真情的服务。

(四) 创新服务理念

创新是当代社会的一个主题,创新是一个国家的灵魂,在全社会创新的环境下,图书馆服务也要创新,这关系到图书馆服务应适应社会需要,与时俱进,关系到服务质量和水平的提升,甚至关系到图书馆的长久发展。图书馆服务树立创新理念,要求每一个图书馆馆员具有创新意识和创新思维,大胆提出与实施图书馆服务的新思路和新方法;要求每一个图书馆都有创新服务战略和对策,及时增添新的服务,在服务过程中快速应变;图书馆要努力营造创新的氛围,培育图书馆馆员的创新精神。

二、网络环境下和谐的图书馆服务的目标

图书馆服务是图书馆与读者之间的文化交流与互动。和谐是图书馆服务所追求的理想境界。而和谐的图书馆服务要达到以下三个目标。

(一) 人际关系要融洽,人与人之间要平等

首先是图书馆与读者的关系,平等地对待读者,就是要尊重读者平等利用图书馆的权利,包括平等获得读者资格的权利、平等获取文献资源的权利、平等阅读的权利、平等享受图书馆服务的权利、平等参与图书馆管理的权利等。馆员还要特别关心、爱护和帮助读者中的弱势群体,如失业者、残疾人、贫困者和年老者等。平等融洽的人际关系当然也包括图书馆馆员之间和谐的关系、馆员与读者之间和谐的关系。只有在图书馆里营造出一种人人心情舒畅、彼此相互理解和信任、工作上相互支持和帮助的氛围,才能形成和谐的图书馆与读者的关系。

(二) 服务管理要做到规范

图书馆服务涉及面广,复杂多变,如果没有规范的管理机制,就会使图书馆服务活动陷入无序和混乱状态。因此,图书馆要建立和健全规章制度,使各项服务活动有章可循,

有规可依。建立制度后，要做好宣传、解释和沟通的工作；同时，要做到在制度面前人人平等。这种规范有序的管理，是和谐的图书馆服务的一个重要特点。

（三）管理机制要充满活力

和谐的图书馆服务不是死水一潭，而是充满勃勃的生机与创造活力。它应该能激发图书馆员的主观能动性，使其在服务工作中与时俱进，不断创新服务内容和服务方式，引导和促进服务向深层次发展，不断提高服务质量。和谐的图书馆服务还会对读者产生潜移默化的影响，使读者养成文明的阅读习惯。

三、网络环境下图书馆服务理念的创新分析

（一）网络环境下图书馆服务理念的创新概述

网络环境下图书馆服务的基础发生了根本性的变化，由基于实体馆藏的服务拓展为基于全球信息资源的读者服务。图书馆的服务方式发生了极大的变化，出现了远程服务、全天候服务和多维服务等服务方式。

所谓"服务理念的创新"，即服务理念要不断顺应原有理念赖以生存的条件与机制，随其变化而变化。在信息技术飞速发展的今天，现代化的服务手段大大提高了图书馆的服务效率，丰富了图书馆的服务内容，确实给读者和用户带来了许多便利。

无论将来科技手段怎样发展、物态化图书馆如何现代化，服务都是贯穿图书馆发展过程的一条主线。但读者和社会对服务的要求会和以前大不一样，服务的理念会发生根本的转向。服务理念创新必须遵循三条基本原则，即国家指导原则、市场调节原则和图书馆自主发展原则。

从社会机构的分类上讲，图书馆一般是以国家投资为主体的社会公益性事业单位，在遵循市场经济规律的前提下加强国家的宏观规划指导是世界图书馆事业的通则。随着我国社会主义市场经济体制的发展和完善，国家对个体的制约作用将会越来越间接，制约的范围也将大大缩小，即意味着图书馆选择的自由权和自由空间不断扩大，这为现代图书馆服务开辟了更为广阔的空间，使图书馆必须走自主发展之路。社会和广大人民的知识信息需求是图书馆赖以生存的基础，这种基础主要不是指体制和制度，而是指图书馆必须把市场规律作为其运行和发展的基本准则。从某种意义上来讲，图书馆现代化的过程是一个建立起竞争机制的过程，没有竞争，就没有现代化，也就没有现代图书馆的活动。竞争是图书馆效率与效益的内在要求，是加快图书馆发展的需要。也就是说，在服务层面上一切为了读者是图书馆工作的根本出发点，首先要有"读者第一、方便读者、服务读者"的理念，

在满足读者需求的过程中,要"换位看待",在开展各项工作时,要坚持图书馆公共性、公益性、服务性的原则,不断提高图书馆的社会效益。

从图书馆服务的发展趋势看,图书馆服务的内容亟须拓宽,其重点是加大信息知识服务和方便用户的服务力度。在信息知识服务方面,主要是增加网上信息导航服务和咨询服务内容。在方便用户方面,加大为社区和校外用户服务的力度,其内容包括职业介绍、市场动态信息、技能培训指南、市政服务咨询、家政服务咨询等。在文献信息服务方面也要创新,主要是加大参考咨询服务的力度,实现从文献信息服务向知识服务的跨越,提高图书馆服务的信息知识含量。网络环境的形成,扩大了图书馆可利用资源的范围。图书馆信息资源不能局限于本馆原有的印刷型文献信息,而要扩展到网络可检索和共享的其他服务器上的信息资源。随着网络的普及,人们的信息意识日益增强,信息需求从单一型、专业型向各行各业及生活领域扩展,形成了全方位、综合化的态势。以往的服务内容,都停留在一般性浅层次加工服务,即提供一、二次文献服务上。图书馆要创新服务内容,拓宽服务范围,必须致力于文献信息的深度开发和充分利用,因此,图书馆要转向对文献资料的深加工,形成有分析、有比较、定性和定量研究相结合的三次文献。

(二) 网络环境下图书馆服务创新的内容

具体而言,服务创新实际包含四个方面的内容:

1. 开展网络信息数字化服务

数字图书馆的发展是图书馆发展的必然趋势。随着数字技术的飞速发展,图书馆用户的信息需求、获取信息的类型和途径、利用信息及服务的行为模式都发生了巨大而深刻的变化。因此,图书馆要有计划地将馆藏印刷型文献资源及其他类型载体的文献数字化,将其组成数据库,以提高馆藏的易用性及共享性,建立网络化的信息平台及完备的文献信息检索系统,使信息在馆与馆之间、用户与图书馆之间充分传递。

2. 开展用户检索技能培训

图书馆的价值只有通过用户的利用才能实现。用户利用图书馆已有的系统,对图书馆的信息资源进行检索,图书馆的价值才能得到充分发挥,图书馆才能得到有效利用。因此,图书馆应加强对用户检索技能的培训。

3. 开展定题、定点服务

图书馆的服务还表现在对学校的重点学科和重要科研项目进行跟踪服务,了解它的动态,利用已有馆藏和网上图书馆,以代查代借的形式提供及时的定题检索、查新、编译和科研调查等服务。

4. 开展知识挖掘、信息增值服务

随着网络技术的发展，人们对知识和信息的要求越来越高，用户不再满足于获取大量的原始文献，而是希望获得加工后的综合性增值产品，所以图书馆情报服务部门要根据读者需求，对文献及信息产品进行深加工，去粗取精，去伪存真，挖掘精品，提高信息产品的含金量，使用户在最短的时间内取得最大的收获，以达到信息增值服务的目的。

总之，服务的开放性、服务的无限性、服务的人性化和服务的规范化是图书馆开展服务创新研究的基础，也是服务理念创新的主要内容。

（三）网络环境下的图书馆创新服务模式

1. 变单一型服务为多元型服务

随着多媒体和网络技术的日益发展，读者的信息需求结构也发生了显著的变化。传统单一的文献借阅服务，已落后于形势，远远不能满足读者希望尽可能多地获取网络信息和多媒体信息的需要。读者这种对信息和信息资源多样性的需求，迫使图书馆信息服务工作由单一的服务向既要有印刷型文献借阅，又要有联机检索和光盘检索，还要有信息咨询和培训的多元型服务转变。要实现这一历史性转变，一方面，图书馆应努力实现信息资源的多元化，除了提供印刷型文献，还应能提供电子图书、电子报刊、音像资料和多媒体资料等电子型文献信息。另一方面，图书馆提供的信息内容还应多元化，使之包括数据、动态信息和综述信息等多方面的内容。此外，还要针对读者的需求提供全程性、全方位的信息服务，包括获取信息的技巧、方法等参考咨询服务。

2. 变封闭型服务为开放型服务

图书馆自诞生之日起，从封闭到局部开放再到全面开放，经历了漫长的渐变过程。开放服务已成为现代图书馆的重要特征。开放原则是图书馆服务的首要原则，开放是服务的前提，没有开放便无服务可言。现代意义上的图书馆开放，是一种全面的开放，包括资源开放、时间开放、人员开放和馆务公开。图书馆应越过"围墙"，从固定场所走出去，主动接触用户，开展用户需求意向、需求心理等方面的调研，不能拘泥于传统文献处理的狭小圈子，更不能满足于印刷信息载体的采集、存储和借阅这些传统的服务、管理工作，应把目光投注于多种信息资源的采集、加工、组织和服务方面，面向网络环境，面向多层次、多样化需求的用户，以新的方式组织、控制、选择和传播信息，建立起辐射型的开放服务系统。图书馆应在充分利用校内现有信息资源的前提下，想方设法扩大信息资源的范围和种类，突破服务的时空限制，整合馆藏资源和网络资源，向有需求的各类用户提供全方位的服务。

3. 变被动型服务为主动型服务

过去图书馆的服务理念是"提供图书、等待读者、有求必应",其弊端就是被动性,图书利用率不高。在市场经济和知识经济条件下,这种服务理念受到了挑战,"主动服务、创造读者、提高效率"的新的服务理念得到了倡导。面对用户对信息知识多样化的需求,图书馆的服务再也不能局限于在馆内为用户提供借阅、咨询的被动型服务,而要主动适应信息社会急剧变化的新形势,根据服务对象的需求与意向,想用户之所想,急用户之所急,帮用户之所需,走出图书馆,面向用户,上门服务。在做好阵地服务的同时,馆员要主动与用户联系,及时了解他们的需求,采用灵活、恰当的服务方式,主动为读者服务。

4. 变大众化服务为个性化服务

随着社会的发展,图书馆应变革传统的大众化的、千篇一律的服务模式,主动适应用户的个性化的需求,有效地提供特色化服务、个性化服务,以提高用户的满意度,实践图书馆的服务宗旨。图书馆应针对不同用户的需求提供有特色、个性化的服务,以满足他们个性化的服务需求,为他们的自我发展提供高质量的信息知识服务。

5. 变原始文献信息提供为信息知识增值服务

在信息资源数字化、网络化发展的趋势下,信息资源环境发生了极大的变化,信息交流与服务体系也面临变革创新。用户所关注的不再是获取原始文献信息,他们更需要直接融入其问题解决的全过程、更加有针对性、直接帮助其解决问题的信息知识服务,它涉及馆员如何从浩繁的信息集合体中捕获和析取能为用户解决问题的信息,并将其融合重组为用户所需的相应知识或解决方案等。这是亟须化解的服务者与被服务者供需的一大矛盾。因此,图书馆要解决上述供需矛盾,必须实现从原始文献信息提供向信息知识增值服务的转变。信息知识增值服务关注的是用户的问题是否得到了解决;它是面向知识内容的服务,强调根据用户的问题确定用户的需求,通过信息的析取、重组来形成针对用户需要的新信息,而非简单的原始信息传递。上述特征决定了信息知识增值服务是贯穿用户解决问题过程的信息服务,是动态的全程服务,是面向增值的服务。信息知识增值服务中凝聚了服务人员的智慧,它不同于原始文献信息提供的简单中介性,在服务过程中,图书馆既是中介者同时又是信息生产者,其所提供的信息服务既包含了原始信息生产者所创造的价值,更包含了信息服务人员所创造的新价值。

(四)网络环境下图书馆创新服务的措施

1. 了解用户的信息需求,包括显性需求和隐性需求

显性需求可通过填问卷表的方式进行了解,做到这一点比较简单。关键是如何了解用

户的隐性需求，隐性需求主要是系统通过观察用户的信息使用行为，比如用户访问的页面、次数和逗留的时间等，来准确地获取用户的信息需要。要做到这一点，必须完善相应的人工智能方法和机器学习方法等技术。

2. 提高个性化服务质量

现在个性化服务系统推荐的主要还是一些大众信息，学术信息的推荐还存在不少问题，主要是信息分类、标引不够精确，推荐的信息滞后于用户现时的信息要求，因此馆员要加强与用户的及时交流和反馈，让用户采用定性、定量的方法评价服务效果，从而改进系统的推荐质量，进一步提高图书馆服务水平。

3. 扩大数字图书馆的服务范围

从理论上说，个性化服务系统应该能为全国乃至全世界用户服务，然而事实上每个图书馆的个性化服务系统只能为很小范围的读者提供服务，这是因为数字图书馆的开发和利用涉及知识产权和个性化服务系统的容量问题。对于知识产权问题，一是利用先进的技术加以控制，二是只提供部分下载功能，比如说只能下载摘要等。对于个性化服务系统的容量问题，应该通过多渠道筹集资金，加快数字图书馆个性化服务系统的建设。通过种种举措，扩大个性化服务系统的使用范围。虽然个性化服务在国内外刚刚起步，还不是很成熟，但它在满足用户个性化信息需求方面已显现出相当的优越性。因此，积极开展个性化服务研究，创造良好的个性化服务的人文环境和技术环境，提高个性化服务质量，应该是网络环境下图书馆追求的目标。

4. 创造读者

现实读者是指具有阅读能力，也有阅读需求，并与图书馆建立阅读关系的人，而潜在读者是指有阅读能力，也有阅读需求，但没有借阅行为的人。因此，创造读者的第一步就是把潜在读者变为现实读者，最大限度地实现图书馆的价值。

首先，要加强对图书馆的宣传，主动展示图书馆的藏书、检索工具和服务模式，让读者了解图书馆，以引起他们的需求，激发他们的借阅行为。我们可以通过开设讲座、引导参观、放映介绍图书馆的录像来推介图书馆，不但要对图书馆丰富的馆藏和先进的工具加以介绍，还要介绍图书馆从以书为本到以人为本的服务理念，以及具有特色的服务模式。服务的有形展示主要是展示服务的成果、服务的环境、服务设备和服务人员等，因此，良好的服务是吸引读者、争夺读者和创造读者的重要手段。其次，因为读者的阅读动机产生阅读需求，而阅读需求引发借阅行为，要了解潜在读者，了解潜在读者的阅读动机，对潜在读者进行调查和分析，在此基础上进行个性化服务，有针对性地提供服务，使潜在读者产生借阅行为。最后，为读者利用图书馆提供必要的培训。图书馆可通过开设文献检索课，对潜在读者进行检索技能培训，使一部分潜在读者变为现实读者。

有的读者只是偶尔有借阅行为，即偶尔的读者；有的读者经常有借阅行为，即经常读者。因此创造读者的第二步就是充分利用图书资源，将偶尔的读者变为经常读者。读者的阅读需求是读者借阅行为的永恒动力，可分为三个层次：追求信息，追求知识，追求情报。偶尔的读者一般都是追求信息者，阅读没有明确指向，阅读需求不稳定，而追求知识和追求情报的读者一般都是阅读目的明确、经常访问图书馆的经常读者。所以，图书馆服务要变偶尔的读者为经常读者，就要实现从信息管理向知识管理、情报管理的转变。

第一，要对文献进行深加工，对信息进行整序、加工，使信息更加系统、规范，符合不同读者的需要。

第二，重视情报价值比较高的期刊，对期刊信息进行重组，满足追求情报的读者的需求。

第三，建立特色图书馆，使图书馆资源和读者服务具有特色。拥有特色的图书馆资源，将会吸引更多的偶尔的读者，而特色服务将会帮助读者更好地利用图书馆。

从服务的角度看，创造读者主要靠的是服务主体——图书馆工作者，图书馆工作者在创造读者中扮演的角色既是做一些基础性服务工作的信息提供者，又是进行知识重组和主动提供更高层次服务的知识导航者。那么作为知识导航者的图书馆工作者必须变被动服务为主动服务，即：

第一，导读工作。向读者推荐图书，引导读者的阅读方向，创造更多的读者。

第二，科研引导工作。不仅为读者的科研课题服务，而且主动提出科研课题去引导读者参与，使潜在的读者、偶尔的读者参与课题，使他们变成现实读者、经常读者。

第三，知识创新工作。就是对信息、知识、情报进行开发利用，是一种再创造，一种优化组合创新，一种应用创新。

5. 实施首问责任制

实施首问责任制是图书馆服务理念的一种创新，体现了读者本位、以人为本的先进服务理念。读者本位，就是以读者为中心开展各种图书馆服务活动；以人为本，就是图书馆的每一个业务流程都围绕着人展开。读者不是图书馆的客人，而应是图书馆真正的主人，图书馆员的职责就是从读者的利益出发，为读者服务，向读者负责，这就是首问责任制的精髓。首问责任制的实行可以在图书馆内部形成良好的学习氛围，从而提高图书馆整体的服务质量。

所谓"首问责任制"是指让最先接受读者咨询或请求的馆员作为首问责任人，负责解答读者提出的咨询或指引读者到相关部门，解答读者电话咨询或网上咨询的各类问题，直到读者满意为止。它具有以下特征：主动性，即对读者提出的咨询问题，无论是否属于本部门、本人的职责范围，首问责任人都必须主动、热情，不得以任何借口拒绝、搪塞读者；尽职性，即凡是读者咨询的，属于本部门、本人职责范围的问题，首问责任人必须认真解答，由于客观原因不能解答或当时解答不了的，要向读者说明原因，以得到读者的谅解；及时性，即读者咨询的问题不属于本部门或本人职责范围的，应将读者指引至相关部门或人员，由他们处理，对读者咨询的问题，相关部门和人员必须立即解答，确实解答不了的，应向读者说明情况。实行首问责任制，无疑将提高读者对图书馆的满意度，树立图书馆的良好形象。

首问责任制的建立和实行体现了"以人为本，读者至上"的先进服务理念，顺应了社会发展和读者对服务质量的要求，从而拓展了图书馆的生存和发展空间，是图书馆服务理念的创新。为此要做到：

第一，明确首问责任制的奖惩办法，使馆员增强服务意识和责任感，从而切实履行自己的服务职责。

第二，制定完善的首问责任制细则，使首问责任制在正常、稳定、有序的运行中真正发挥作用。

第三，建立与健全关于首问责任制工作的规章制度，力求所建立的规章制度均能符合实际需要，并得到绝大多数读者和图书馆员的支持。

第四，对馆员进行教育和培训，要使图书馆的工作令读者满意，最重要的是先抓好图书馆员自身建设，让每个馆员主动、积极地了解、掌握各种业务情况，只有馆员的综合素质提高了，图书馆整体的服务技能才能提高，也才能保证首问责任制的有效实施。

图书馆要将以读者服务为本的理念贯穿图书馆各个业务工作环节，从而形成一种微笑服务、放心服务、规范化服务的图书馆服务文化。只要我们心系读者，想读者之所想、急读者之所急，服务到"家"，我们的事业一定会发展壮大。

第二节　基于图书馆公共文化的服务创新

一、理论基础

（一）公共产品理论

对于公共产品理论的源头可以追溯到 17 世纪由英国学者霍布斯主张的社会契约论。

而"公共产品"这一概念的明确提出则是由 19 世纪美国经济学家萨缪尔森（Samuelson），将那些"每个人对这种产品的消费，都不会导致其他人对该产品消费的减少"的物品称为"公共产品"，并且认为公共产品不具有竞争性。

这便是"公共产品"这一概念的最早提出。如今，公共产品也有了现代的定义：能够被全社会成员共同消费的，符合社会公共需要的物品和服务。

公共产品因其所具有的特性以及现代市场存在的一些缺陷，所以市场的无形之手无法对公共产品资源进行合理有效的配置。于是政府就成为公共产品和服务的最佳提供者。政府提供公共产品的同时，公民的权利和社会公平都得到了切实保障，国民经济也得以稳步前进。

人们在享受公共产品的便利的同时，会因为公共产品本身并不具有排他性和竞争性而产生"搭便车"的想法并且常常付诸行动。

政府提供的文化产品和服务也具有与公共产品相同的特性。因为消费者在享受文化产品和服务的同时对其他消费者并不产生影响，同时提供文化产品和服务的成本也不会因此产生任何变化。

一个城市的市民都有到公共图书馆借阅图书的权利，并且市民们的借阅互不影响。而且图书依旧归图书馆所有，从这一点上来讲，政府提供这些图书的成本或者说政府提供这些产品和服务的成本并没有变化。

19 世纪 60 年代，联合国通过的《经济、社会及文化权利国际公约》，在第 15 条就明确指出，"本公约缔约各国承认人人有权；参加文化生活；享受科学进步及其应用所产生的利益；对其本人的任何科学、文学或艺术作品所产生的精神上和物质上的利益，享受被保护之利"。从那时起，政府的文化职责就一直被强调。在当今时代，政府如何实现公共文化均等化，使得公民的基本文化权利得到更加有效的保障，是政府在履行其文化职责时应该重点考虑的问题。

（二）新公共服务理论

美国学者珍妮特·登哈特（Janet Denhardt）和罗伯特·登哈特（Robert Denhardt）的著作《新公共服务理论》（The New Public Service Theory）大致分为七个方面。

①政府应该成为人民的服务者，要时刻将公民的观点、需求和利益放在第一位。

②将实现公共利益最大化作为政府在提供相关服务时的主要目的，把公共利益放在首位，同时对政府的行为进行支配。

③政府要将对企业家精神的关注度和对公民权利以及公共服务的关注度进行协调，努力做到在关注公民的同时也能更多地注意到企业家精神。

④政府在行动过程中应该注重民主性和时效性，要进行战略性思考以及做出富有策略性的决策。

⑤政府必须承认其在民主治理中具有中心性的同时在行政责任中具有现实性。

⑥政府应该是一个引路人、一个服务者，而不是领导者。

⑦应该"以人为本"，而不应该把生产率作为重中之重。

公共文化服务作为公共服务的必要组成部分，而对新的公共服务理论的研究，则为政府公共文化管理部门的公共文化服务供给提供了开展的方向及依据，也为公共文化服务供给工作的开展提供了很大的推动作用。政府把满足公众消费和收益作为其提供公共产品及其服务的主要目的。

公共产品以物质和非物质两种形态存在。物质形态的公共产品，就是现实中真实以某种物体形态而存在的产品，主要指政府修建的公共设施和建筑等。非物质形态的公共产品，就是各级政府机构及其下属行政事业单位为满足公众利益所进行的一系列行政事业服务，主要指各种证件的办理、相关事物的咨询、社会福利保障、教育和医疗等方面。

随着时代的发展，政府的执政理念也在发生着转变，通过体制、机制、文化、心理的综合转变，真正实现了从"以物为本"到"以人为本"的执政理念的全面转型。传统政府的"以物为本"着重强调物质财富的重要性，而忽视了人在财富创造过程中的主要地位，同时在民生福利改善方面进展缓慢，几乎陷入停滞状态。

现代政府的"以人为本"则把人放在首要地位，把满足人的需求作为工作的重点，以满足人民利益最大化为目标，充分保障公民的各项权利，尽最大力量提供社会管理和公共服务并使其发挥有效作用，将公共服务型政府理念落到实处。

（三）创新理论

企业家被认为是创新的主体。熊彼特着重指出了企业家的创新才能，即在市场经济基础上，实现生产要素的新组合。

简而言之，只有具备了令各类市场要素重新组合并出现从前没有的现象的能力，才能被称为企业家。企业家善于使生产力发生质变，并由此转型。

企业的管理者与企业家是有所区别的，两者最大的区别在于，是否具有创新意识和创新能力。管理者一般只进行企业的日常管理活动，而企业家需要摆脱习惯的束缚，并勇于挑战自我，实现创新。

只有创新，才能为一个人的认知注入源源不断的活力。

理论具有指导性，在熊彼特关于创新、创新者的理论指导下，我国政府应重新定位创新在我国经济发展中所拥有的地位，并且制定合理的制度，满足我国当前社会对于创新能力的需求，使创新从号召的层面过渡到实践的层面。政府公共文化管理部门的公共文化服务创新亦是如此，只有不断创新理念、创新内容、创新技术、创新方式，才能实现我国的文化繁荣。

二、我国公共图书馆服务创新提升的对策建议

数字高新技术飞速发展的今天，作为本地公共知识和文化服务的核心力量，公共图书馆想要提高用户对它的依赖性，只能通过掌握该用户的切实需求、挖掘其潜在需求，目的是根据用户"对症下药"地提供相应的服务。

与此同时，除了用户方面，更应该在自身上入手，挖掘自身潜在特色，增强自身在市场上的竞争力，不疲倦于激烈的市场竞争，找到发展的动力。随着高新技术和互联网的不断发展，图书馆需要通过对自身进行改革创新来满足读者不断变化的需求。

（一）将地域文化理念作为特色引导

一个地区所特有的历史背景、经济发展及自然环境等形成的特有价值理念称为地域文化理念。地域文化理念还包括民族精神、社区文化理念等。地域范围对公共文化服务保持活力有着积极作用。所提供的公共服务若千篇一律，在某种程度上有利于保障读者的基本文化权益，但却不利于公共服务的个性化发展，其吸引力和潜在能力得不到后续提高。纵观我国各地区的文化差异明显，不同的地理位置和文化经济环境也会在价值观念方面有所不同。

地域特色文化理念是公共文化服务的领导者，主要表现在以下两个方面。

①地域特色文化理念体现在顶层设计中。以上海为例，其城市里有来自全世界各地的人，使城市秉着多样性和包容性的特色文化理念。正是这种思想，被应用于设计的顶层之中，但在之前，应对不同文化背景群体生活的人们的不同文化需求做具体分析，尤其是对外来移民和社会底层的工作人员等群体来说，要兼顾其具体需要，无论是国际的还是本土的，高雅的还是通俗的都应被放在考虑之中。

②结合地域特色文化开展服务活动。个性资源和共性资源是公共文化服务资源中的两大主要部分。其中共性资源主要是满足群众基本文化需求，其中包括图书馆内的一般藏书和报刊。而个性资源更具吸引力与生命力，具体是指以博物馆、美术馆展出的展品以及图书馆和文化馆内开展的一系列活动。

（二）不断延伸创新服务内容

在服务理念的指导之下，根据读者的不同需求提供更加优质与多样化的服务。随着读者的需求不断增多，图书馆也应做出相应的改动措施，除了最原始的文献借阅外，还可以

通过对读者感兴趣的方面（音乐会、教育、文字沙龙等）创新服务模式，以满足不同时代下读者的不同需求。

1. 开发多元化的服务产品

文化需求在个体需求层次中的较高位置，对公共文化服务创新的主动性提出了更高要求。根据美国心理学家马斯洛（Maslow）的人类需要层次论，文化需要属于较高层次的需要，贯穿于生理需要、安全需要之上的各类基本需要和其他非基本需要中，高层次的需要往往不如较低层次的需要那么迫切。

面对信息时代读者多元化发展的需要，在服务理念的指导下，要深化服务的内涵，发展多元化的服务，将更优质的服务面向不同背景与需求的读者，为不同背景和需求的读者提供更好的服务成为公共图书馆服务的基础。

除了传统的文献借阅，图书馆在教育、培训、摄影、文学沙龙、绘画文字展览、音乐会等方面，可以向全方位多元化公共文化服务延伸。

多元化主要指公共图书馆不仅仅满足读者基本的借阅服务，还为读者提供更加具有趣味性与公益性的活动形式，为感兴趣的读者提供新服务，满足读者的文艺需求。相对传统服务内容单一，呈现静态化的表现形式，现如今公共图书馆服务更加多元化与个性化发展，服务内容与形式也更加专业化与高端化。

风靡全国的读书活动对公共图书馆事业提出了新的要求。不仅需要加强自身的网络服务建设，并且在此基础上增加延伸服务。建设强大的服务网络系统，有利于解决图书馆资源地区不平衡问题，让更多的人能享受国家公共事业带来的福利。而延伸服务有利于图书馆突破固有模式，扩大了服务范围。因此政府在图书馆延伸服务建设方面也采取了许多有力的措施，如在馆内空间分配管理方面，注重合理分配，争取利用好每一寸空间，同时，为读者提供更舒适的阅读环境。对整个公共图书馆事业的区域分配上，合理规划。

2. 打造特色服务品牌发挥文化空间职能

公共图书馆借助于高新技术，突破了不同时空地域的限制。作为信息资源的重要集散地，它采集了大量的信息，是如今大数据时代数据信息开发与采集的核心。由此可见，公共图书馆各项活动开展的主要目的是为其打造行业内最具特色和优质服务的能力。

综上可知，特色服务的推广与宣传应引起图书馆的高度重视，通过开展相关的宣传及交流活动，严格要求服务人员的服务态度，树立口碑良好的服务品牌，让读者体验到优质服务，通过攻破服务这一关，提升图书馆品牌形象和获取读者的支持与认可。

但很少有机制可以做到完美无瑕的，图书馆也不例外，虽已建立完善的机制，但并非图书馆内的每项服务都得到认可。

比如图书的借还服务，大多图书馆内的借还服务都烦琐，占用读者时间，很容易给读者留下一个不好的印象。那么建立完善简单的借还服务体系，则需要通过提高图书馆自身实力及品牌服务，从而挖掘出更多的潜在用户。

①图书馆的维护与发展服务链，可以结合先进的信息技术为读者提供创新型的服务。应用先进技术可以促进服务理念的转型与优化，从而推动先进创新的建设体系，提升为读者推送信息的服务水平，竭力打造一个具有吸引力和忠诚度的服务品牌。

公共图书馆应借此风潮，通过不断完善优化互联网建设使其在市场上独具竞争优势。开展互联网建设不仅能提高其服务质量、推动图书馆信息化建设进程，还有利于提高针对读者需求推送相应书籍内容的能力，实时了解掌控读者新动态，为其提供更加完善全面的服务享受。

②整合当地的优秀特色文化资源，将打造特色服务品牌作为图书馆发展的首要任务。公共图书馆根据不同的人文情怀和民族风情提供不同的公共文化服务，将当地的特色作为精品服务来吸引外来人员，向外来人员推送本地的特殊风情与人文情怀，挖掘潜在用户，获取更多的读者信息。

在此条件下，图书馆应针对当地的特色提供别样的精品服务，来增加其借阅量和藏书量。互联网的发展与电子书籍的盛行对图书馆造成了一定的冲击，但同时互联网也为图书馆带来了积极影响，使其突破原有时空和地区的限制，向全方位发展进攻。除此之外，图书馆还应重点提高自身的竞争力，挖掘潜在竞争优势，稳定在市场上占据的重要地位。

③建立读者研究部。其主要职责就在于根据采集的读者信息进行分析，建立相关数据库，研究出一套适用于不同需求和不同年龄阶段的读者，且独具特色的执行方案。其服务模式的优化与改造，对品牌的推广与宣传。进行馆内外的协调和后续发展的资金筹集。贯彻落实制定的品牌战略，迎合社会和大众群体的需求对服务品牌进行扩展。

④以特色资源为基础，展现特色服务。当前图书馆事业发展的主要两大热点是网络化和特色化。在这两大热点中，网络化还有待确定，但特色化已成定局。在网络发达、信息技术不断发展的今天，信息数据如潮水般喷涌而出，这种现状也对图书馆的创新发挥了重要的作用，在图书馆的后续发展中，特色化道路是其发展的必选之路。

关于特色化内涵的理解上，对于图书馆而言从两个方面进行表述：一是注重馆藏和服务。二是注重人才、管理、宣传与馆藏、服务的巧妙结合。

通过发展特色化，着重突出图书馆以下三个方面。

①提供以图书馆现有文献资料为主的特色化服务。特色化服务的推出是对日常文献资料的收集，在使其特色化的同时，也着重发展其个性化。

②伴随着高科技的不断升级，图书馆的信息载体容量也在不断扩大范围，文献资料种

类日益繁多，这一系列都将为特色化服务带来良好的效益。

③以对馆内外信息资源的有机结合为基础，建立特色化服务。图书馆所提供的服务是建立在信息资源的基础之上的，没有资源就等同于一本没有意义的书，只有在资源之上，才能体现出服务提供的模式。信息资源的缺乏会导致图书馆不能正常运营，那么就更不用说服务了。紧跟社会步伐，实时了解和掌握社会经济与文化的新态势，对馆内的信息资源不断进行补充与更新。

图书馆应与区域特色经济有机结合，跟随社会发展态势，树立以科学合理为核心的特色化服务理念，在其指导和引领下，对信息资源及时做出更新，对独具个性化的藏书进行收藏，达到促进经济发展的目的。

（三）利用信息技术加快资源更新和服务推广

1. 制定并实施新媒体服务选择策略

利用当代的先进技术，对现有服务进行改善与优化。放在首要位置的应当是对现有服务的改善与优化。

解决文献资料查找难、借阅难的问题。可借助于射频识别技术，利用其定位功能，方便读者找书借书。利用移动终端定位功能和操作简单的优势，优化原有借还书程序，删减烦琐无用的流程，便利操作方法，节省操作时间。通过手机等服务，建立借还书与查阅板块为用户提供逾期提醒和借阅推送等服务，建立个性化的优质服务，满足用户的心理需求。

优化图书馆的通知平台。借助微信、微博平台发布与接收即时消息，增加和畅通与读者间联系的通道。

优化信息资源。根据文献资料的内容和类型进行分类，根据不同用户的需求与兴趣偏好，年龄阶段和社会态势进行多维分类。合理规划服务空间，通过建设地方文献中心的机会对各个区域的主题进行合理划分，满足读者工作（学习）与休闲时期的不同需求。

要对馆内工作人员的服务态度与职业修养严格要求，完善现有体制中存在的不足，优化借阅设备，提高读者对工作人员的满意度。建立以读者为主的服务评价小组，优化服务体系，提高服务质量。完善职工奖惩制度，激发工作人员工作的激情，建立一体化服务，同时对工作人员进行严格的培训与考核。

2. 大力发展数字图书馆服务

随着公共知识文化的发展，我国也逐渐对公共文化服务体系予以重视，大力支持该服务的进一步完善。与此同时，网络图书馆也得到了一定的扶持，近年来发展越来越旺。

公共图书馆是馆域网与互联网的结合，以此为网络硬件基础，促使数字资源的快速发展与不断升级，提高了为读者服务水平与数字资源提供的能力。

为了在一个信息技术如此发达的社会中生存下去，图书馆要采取相关措施来应对复杂的社会环境：建立信息数据库，大力开展数字资源建设，突破到馆完成借还书的原始限制，满足用户不断变化的具体需求，等等。该举措是对图书馆服务职能延长链的建设，构建数字化的服务体系的有效环节。

版权问题是数字资源库建设过程中不能忽视的一个重要关注点。由于没有妥善处理好版权问题，因此近年来发生版权之争的情况越发严重，可见在图书馆的建设过程中，版权问题应当是最重要的一步。

在各地图书馆的文献资源中，公共图书馆数字资源建设已成为发展中的主力军。但就目前的资源共享而言，各图书馆间存在沟通不善与互相冲突等问题，因而无法建设相应的硬件设备资源和开发各馆的数字资源，大多数的图书馆都无法统一意见，导致了大量资源与资金的浪费，无疑也增加了工作人员的工作量。

（四）加强供给侧结构性改革推动服务机制创新

公共图书馆需求不断增多，图书馆的当务之急是创新该服务模式，优化相应体制。根据当前的实际情况进行分析，总结出最适合的服务创新体制。一个完整的服务体制包括运作和保障两种模式，两者之间相互影响、相互作用、取长补短，从而形成一个系统化的整体。

1. 服务联群实现供给和谐

公共图书馆应对其服务对象组织开展文化服务联群，兼顾社会的每个群体，全方位开展活动，无论是社会基层群众，还是弱势群体，都应保障他们所应享受到的公共服务。

为青少年、老年人、残疾人士等群体建立更加便捷高效的服务体系，解决他们的看书难问题，此举措通过更具针对性的服务解决他们的文化服务问题。比如：针对老年人可以专门开展文艺培训等活动，迎合老年人的兴趣偏好，充实丰富其休闲生活；针对青少年，建设读书感征文比赛、艺术培训等，培养提高同学们的课外知识和文化素养；针对残障人士，定制便捷的服务，如无障碍卫生间、流动图书服务站、盲人阅读区等。总而言之，公共图书馆实现全方位顾及社会的每一个角落的体制，则需要加强对弱势群体和城乡的统筹发展的重视。

2. 服务联姻优化供给结构

公共服务在发展中，应在群众需求的基础上，通过统筹规划、科学设计，不同部门融合，服务的有机结合，服务产品升级和拓展等方式推动图书馆的后续发展。

细化来说，构建"文体联姻""文商联姻"等服务新模式，对服务产品的类型和内容进行丰富，为大众提供更加多层次、多元化的产品服务。当前许多城市（如北京、河南、江苏等）所推出的"文化惠民卡"，就是一个把商业服务于公共服务的有机结合而形成的一个全新服务模式的鲜活例子，此模式的改革激励了当地人们对文化服务享受与行为选择，同时在市场上也获得了一致好评。

3. 服务联盟培育供给主体

在国家提出供给侧结构性改革的大背景下，公共图书馆应扩大服务体制和社会化服务，突破原有部门各自为政的思想限制，从而使处于不同区域的公共文化服务与供给者之间产生合作联盟，助推公共文化服务建设。

借助于社会各界力量的结合，有效发挥不同体制机构（包括教育、医疗、创业指导中心等）的作用，解决目前公共图书馆存在的弊端，如社会服务化供给不足、供给结构比例失调、模式结构单一等。在文化部门的指导下，对社会群体、基层群众、企业和社会机构及相关部门资源进行整合，借助于签订合作与开展相关活动等形式，使参与图书馆文化服务建设的群体范围扩大到各个不同单位基层，以达到文化产品、信息和设施在不同单位被同样享受的目的，即实现资源共享。采集大众的兴趣偏好，根据不同的社会需求开展父母课堂、养生活动、"双中双创"等活动，使人民群众与基层图书馆之间的关系更加紧密。对图书馆内的资源与交流报告实行"披露"制度，让群众及时掌握图书馆的新动态，对公共图书馆实行"请进来"的服务，以此提高群众参与图书馆建设和资源共享的积极性。

除此之外，对图书馆还应实行与外界合作联盟制度，联合社会各界力量，构建不同图书馆之间的资源共享体制。对个人、社会团体、学校和非文化事业单位等人力资源进行有效整合，促进合作联盟构建进程。

供给侧结构性改革提出后，文化产品服务占据着不可撼动的地位。它不仅对公共图书馆服务体制的创新有着积极作用，还加快了整合公共文化服务资源的发展历程，满足了新时期内人民群众日益增多的文化需求，更保证了服务体制的完善。

供给侧结构性改革对公共图书馆的建设发展也有实质性作用，通过加强供给侧结构性改革，不仅平衡了公共文化资源的供给状态，还丰富了服务的内容及多样化服务模式，为公共文化服务吸引了更多的公众，服务质量得到实质性提高，体现图书馆的公共文化价值，共同促进公共文化服务体系的不断发展与完善。

第三节 基于宏观与微观视域下的图书馆管理创新

一、宏观视域下的图书馆管理创新研究

图书馆宏观创新管理是指图书馆管理理念和模式的创新，具体表现为图书馆在某一业务领域采用新的管理模式来应对图书馆管理中遇到的问题。

（一）图书馆危机管理

1. 图书馆危机的概念及特点

本书认为，图书馆危机是对图书馆系统造成严重威胁或破坏、需要图书馆人立即反应的高度震荡状态。

在这个定义里，图书馆危机的反应主体被确定为图书馆人，而不是单纯的图书馆决策者。这是基于两点考虑：第一，图书馆危机需要决策者和执行者即所有图书馆人共同应对。第二，在形势十分危急、图书馆决策者不在场时，普通馆员须承担部分决策的任务。这两方面反映了图书馆危机管理组织化、制度化、变通化的必要性。

图书馆危机具有危机的一般特征，即高度威胁性或严重破坏性、突发性、紧迫性、不确定性、牵连性和聚焦性。图书馆危机特殊性包括以下几项。

①隐蔽性。图书馆相对弱化的竞争环境、受政府保障的生存方式和历史积累的社会体制弊病的渗透等因素，都使图书馆对危机的爆发和威胁缺乏敏感，即便在处理危机时，也缺乏相应的紧迫感。这往往使图书馆危机在人为的"忽视"中被"隐蔽"。

②长期性。图书馆的许多危机因子是历史长期积累的结果，如人才危机、形象危机等。部分危机之后的恢复时间较长，如火灾、水灾、地震后的恢复。危机的根本解决需要很长时间，如经费危机的解决需要国家经济发展、图书馆立法保障、民众的需求拉动等。危机影响时间较长，比如资源危机造成的某些重要文献缺失、损毁，将给图书馆带来长久的不利影响。

③复合性。随着系统复杂性增强，利益相关性增强，危机波及半径扩大，图书馆危机越来越呈现多种危机复合的特点，表现为一个事件引发多种危机。例如，近年来图书馆因文献采访问题引出的资源危机、服务危机、舆论危机、信任危机等，就有明显的复合性特征。

④难恢复性。文献信息资源是图书馆区别于其他机构的特色资源，也是图书馆核心能

力的基础。一般来讲,文献信息资源包括纸质文献、缩微文献、电子文献、网络文献等,面对战争、地震、洪水、火灾、计算机病毒、黑客攻击等,它们都十分脆弱。如果文献信息资源在危机中损毁,则是很难恢复的。

2. 图书馆危机管理的内容

国外学者对危机管理过程的认识较为成熟,这方面的成果有助于我们把握图书馆危机管理的内容。比如奥古斯丁危机管理的六阶段模型:第一阶段——危机的避免;第二阶段——危机管理的准备;第三阶段——危机的确认;第四阶段——危机的控制;第五阶段——危机的解决;第六阶段——从危机中获利。

美国危机管理专家罗伯特·希思(Robrt Heath)的 4R 模型:缩减阶段、预备阶段、反应阶段、恢复阶段。米特罗夫和皮尔森的五阶段模型:信号侦测阶段、准备及预防阶段、损失控制阶段、恢复阶段、学习阶段。另外《危机管理——当最坏的情况发生时》一书中提出的 5P 危机管理步骤也颇有见地,即端正态度、防范发生、时刻准备、积极参与、危中找机。

(1) 图书馆危机管理的基础工作

图书馆危机管理的基础工作是指贯穿危机管理全过程的管理工作,它包括沟通管理、媒体管理、记录管理三个方面。

沟通管理有助于及早发现问题,树立良好的组织形象,有助于提高危机管理的效度。它包括内部沟通和外部沟通,其管理内容主要有沟通的对象、目标、原则、计划、方法等。各图书馆应在实践中探索适合自己的沟通模式和方法,防止忽视沟通、沟通不力、沟通失误、沟通致危等情形的出现。

媒体管理的主要内容包括:组建职能机构或指定负责人,确定媒体管理的目标和原则,挑选培训新闻发言人,收集分析媒体相关报道,及时处理媒体所反映的问题。与媒体保持密切联系,利用媒体发布信息、重塑形象,引导不利舆论向利己方向发展,利用媒体向政府表达图书馆的合理诉求等。

记录管理可以保存大量的数据、事实、资料、文件等,它可作为危机因子分析、危机决策的依据、事后的奖惩凭据和必要时的法律证据,它也有利于客观评估危机管理。记录管理需要对调查记录、评估记录、计划记录、培训记录、危机事件记录等分类、存档、入库,及时将结果反馈给危机管理的相关系统。

(2) 图书馆日常危机管理

图书馆日常危机管理是指在图书馆日常工作中对潜在的危机因子进行管理,以预防危机的发生,并建立危机反应和恢复预案,以减小危机事件给图书馆造成的损失,提高图书馆的危机恢复能力。图书馆日常危机管理的内容包括：指定负责人员、调查评估危机因子、建立危机反应、恢复预案、开展培训演练、建立危机预警系统和进行危机预控。

指定负责人员。由于图书馆发生危机的频率不像企业那么高，因此国内图书馆几乎没有设立单独的危机管理职能部门。这不能片面地说图书馆没有危机管理意识，其实从经济性上讲，图书馆单独设立危机管理部门成本太高，容易造成人力资源浪费。

我们认为，可由图书馆的一位高层领导来负责危机管理，由他从各部门灵活抽调危机管理人员完成日常危机管理工作。而一旦危机事件爆发，也是由他召集各部门相关人员，组建危机管理小组，负责危机处理和善后。这样既推进了危机管理进程，又对危机管理成员的日常工作无太大影响。

调查评估危机因子。主要是调查图书馆有哪些潜在危机因子，评估这些危机因子转化为危机事件的频率、概率、影响群体、影响大小等。调查评估危机因子可以使用历史发生法和行业对比法。历史发生法即本馆曾经发生过哪些危机，影响怎样，是什么危机因子导致；行业对比法即图书馆行业及相近行业曾发生过哪些危机，影响怎样，危机因子是什么。

也可以使用定性方法和定量方法，如头脑风暴法、德尔菲法、危机晴雨表法、现场考察法、数学方法、统计方法、计算机方法等。准确客观地调查评估危机因子是做好危机反应和恢复预案的基础。

建立危机反应和恢复预案。所谓预案，有时也称为应急预案，是针对可能发生的重大事故（件）或灾害，为保证迅速、有序、有效地开展应急与救援行动、降低事故损失而预先制订的有关计划或方案。在制定预案前，应对可能爆发的危机进行分类（可参照前面的危机分类方法）、分级（如突出级、关键级、难以解决级等），然后根据危机特点设立不同的预案。图书馆反应预案必须明确在危机发生之前和发生之中，谁负责做什么，何时做，怎么做，以及相应的策略和资源准备等。

编制格式和方法可以参考国家发布的《国家突发公共事件总体应急预案》。而在恢复预案的编制中，则要确定危机恢复对象并进行重要性排序，明确危机恢复目标、资源分配、人员配置、经费预算、奖惩标准等，注重危机恢复中的协调沟通。这里应注意：危机管理预案要富有弹性，对备选方案要排定优先次序，几种危机并发时要优先解决关键危机，将危机预案印成文件或手册发给相关人员并进行有针对性的培训。

开展培训演练。图书馆危机培训的对象既有图书馆高层领导，又有普通馆员、读者。通过培训演练，可以增强人们应对危机的能力，发现危机预案中的不足。培训方法包括：在职培训法、工作指导培训法、授课法、案例法、角色扮演法、行为模拟法、电脑化指导、电教培训、演习等。

建立危机预警系统。危机预警系统是指组织为了尽可能早地发现危机的来临，建立一套能感应危机来临的信号，并判断这些信号与危机之间关系的系统，通过对危机风险源、危机征兆进行不断的监测，从而在各种信号显示危机来临时及时地向组织或个人发出警报，提醒组织或个人对危机采取行动。

危机预警系统由危机监测子系统、危机评估子系统、危机预报子系统构成。图书馆可根据自身特点选择建立电子预警系统、指标预警系统、联合预警系统等。

进行危机预控。如果预警系统发出了预警信号，就应立即进行危机预控。危机预控的目的是在危机发生前或将要发生时对危机进行处理，及时排除危机因子。如果不能阻止危机的发生，那么就采取措施减少危机爆发造成的损失。危机预控的策略主要有：排除策略、缓解策略、转移策略、防备策略。

（3）图书馆危机事件管理

图书馆危机事件管理是指图书馆危机事件发生时对危机所进行的管理，它包括：组建危机处理小组、调查评估并确认危机、启动（调整）危机反应预案或重新制订危机处理方案实施、危机发展态势跟踪监控处理。

组建危机处理小组。由负责危机管理的高层领导根据实际情况，从所需部门调配相关人员组成危机处理小组，明确各自职责、任务，特别要确保危机中信息沟通的顺畅。

调查评估并确认危机。由危机处理小组的成员对危机事件进行初步调查，运用现场勘察法、询问法、文献调查法弄清危机事件的经过、原因等，评估危机已经造成或将会造成的破坏、损失，确认危机的类型及涉及的范围。

启动（调整）危机反应预案或重新制定危机处理方案并实施。如果危机类型是预案中已有的，那么启动或调整预案；如果危机并不在预案范围内，那么紧急制定危机处理方案，然后有条不紊地实施。要处理好与内外部公众、媒体、公安、消防、气象、地震、防汛、文教等部门、其他图书馆、文化遗产保护组织、国际防灾减灾组织等的关系，以加强图书馆的反应能力。

危机发展态势跟踪监控处理。有些危机具有持续性特点，它会随时间、事件、介入主体的变化而不断蔓延，所以需要对危机发展态势跟踪监控处理。

（4）图书馆危机后续管理

图书馆危机后续管理是指危机处于持续阶段，或快结束或已经结束时所进行的管理，它包括组建危机恢复小组、调整或重新制定危机恢复计划、危机管理评价、危机案例、危机管理评价的存档和运用。

组建危机恢复小组。危机恢复是在危机持续阶段或危机将结束或结束后开始的，它所需要的人员、所涉及的机构可能与危机处理不一样，这就需要组建专门的危机恢复小组。

危机恢复小组具有临时决策机构的性质，在危机恢复变为各部门的日常工作后就可解散。

调整或重新制订危机恢复计划。由于危机造成的具体破坏往往与危机恢复计划有出入，所以一般需要调整危机恢复计划。如果发生的图书馆危机未在预先制订的恢复计划之列，那就要根据具体情况，重新制订危机恢复计划。

危机管理评价。危机管理评价内容包括对危机管理基础工作、日常危机管理、危机事件管理、危机后续管理全方位的评价。评价要做到信息准确、实事求是、客观公正、全面系统。各图书馆应根据自己的实际选择评价方法，如定性评估法、定量评估法，完善评价指标体系。危机管理评价是图书馆对自身存在问题及危机管理漏洞进行反思的重要阶段，它可以促进图书馆进行深层次变革，确保图书馆的可持续发展。

危机案例和危机管理评价的存档和运用。利用危机管理中的记录管理成果，梳理总结危机案例，使之上升成文化，然后与危机管理评价一起存档或存入数据库。这些资料不仅可以为日后的危机管理提供参考，也可作为危机管理培训的素材。图书馆还可将这些危机管理案例和评价与其他图书馆分享，以提高共同应对危机的能力。

（二）图书馆分布式管理

图书馆分布式管理是根据开放系统的相似性原则，将计算机分布式管理系统中所蕴含的管理思想和管理理念运用于图书馆的管理实践之中，构建全新的分布式图书馆管理体系。图书馆分布式管理系统可分成两个子系统，即资源分布式管理系统和职能分布式管理系统。

一方面，在资源分布式管理系统中，图书馆通过租用、聘用、合作、共享以及争取社会援助等多种方式，实现人员、技术、设备、资金、文献信息等社会资源向图书馆的"分散—集中"过程。另一方面，图书馆通过出租、出借、转让、协作以及共享等多种方式，实现人员、技术、设备、资金、文献信息等馆内资源向社会的"集中—分散"过程。图书馆对馆内资源实行直接管理，对社会资源以契约方式进行间接管理。通过两种管理方式的有机结合，实现对一切可用资源的有效管理。

在职能分布式管理系统中，图书馆通过项目合作、有偿服务等方式，承接更多的社会工作，不断拓展职能范围，实现信息服务、文化教育等职能由社会向图书馆的"分散—集中"过程。图书馆通过业务外包、项目合作、后勤社会化等方式将原有的部分职能交由相应的社会机构去完成，实现部分职能和辅助职能由图书馆向社会的"集中—分散"过程。图书馆对馆内工作实行直接管理，对社会机构承担的职能以契约方式进行间接管理，通过两者的有机结合，在社会范围内实现图书馆职能的重组和优化控制。

图书馆与外部环境之间的"分散—集中""集中—分散"是一个双向的交流过程，而分布式管理的关键就在于对这一交流过程的集中统一控制。职能分布式管理和资源分布式管理相互融合、互为推动。两者的有机结合，促使在图书馆职能在社会范围内实现重组和优化控制。

一方面，资源管理以图书馆职能实现为目标。另一方面，职能的分布式管理也必然会带动资源分布式管理的发展。图书馆分布式管理具有开放性、专业性、共享化、市场化和网络化的特点。

（三）图书馆营销管理

营销管理产生于市场经济领域，但随着营销管理理论与实践的发展，营销管理正在从市场营销向社会营销发展，营销管理已不再局限于企业的活动领域，正在向非营利性事业组织活动领域拓展。近年来，部分西方国家的非营利性事业组织，如学校、医院、教会、政党等机构成功运用了营销管理的方法与手段，收到了很好的效果。

图书馆营销管理就是图书馆以读者为出发点，运用一定的方法通过刺激读者需求，推广图书馆服务，强化图书馆与读者的合作，促进图书馆文献和服务的利用，提高图书馆的社会地位和影响，从而求得图书馆最大的社会效益。

二、微观视域下的图书馆管理创新研究

图书馆是一个不断成长的有机体。面对社会的快速发展，民众需求越来越多，如何创造图书馆在现今社会中存在的价值，如何保持用户满意度，实际上依赖于图书馆改变传统的观念及做法，不断推陈出新，适应社会环境变迁及用户的需求，运用新科技新媒体，提供创新服务，提供快速的、便捷的、丰富的资源，才能使图书馆的存在价值受到肯定，并维持进步、专业的形象。

图书馆微观创新管理正是针对图书馆这一发展需求的管理理念，是图书馆在具体工作内容、工作方法上采取创意的手段，是引导馆员积极参与、提升图书馆服务创新的能力以及馆员的服务水平的一种途径。它是图书馆宏观创新管理有效实施的基础和具体表现。

图书馆微观创新管理的手段因馆而异，因时代变迁而不断变革。

（一）图书馆微观创新管理的条件

1. 图书馆领导者的创新观念

图书馆领导者需要具有创新的观念和意识、敏锐的眼光、高瞻远瞩的决策能力和善于组织人力、财力、物力的组织能力。此外，要提出具有前瞻性的愿景，并不断地向员工强调图书馆的核心价值以及沟通创新服务对于图书馆赢得用户满意度的重要性。让员工摒弃

保守被动的心态，愿意在服务和工作上思考有无改善或创新的机会，并不断提出创新构想。图书馆的发展不仅需要规章制度，还需要一套图书馆专有的组织体系来规范图书馆的各项运作，使图书馆的活动、价值取向、行为方式等高度整合，把图书馆中所有员工凝聚成一个高度统一的整体，从而围绕一个既定目标，不断前进。

2. 图书馆鼓励创新机制

图书馆应制定激励创新的措施，并建立完善的推动和管理机制，员工的创新构想有可能成功，也有可能失败，失败的创新构想是一个很好的学习经验，成功的创新产品或服务，也需要良好的管理机制，以及不断地进行效益评估、改善缺失，才能得到用户支持。

3. 图书馆鼓励馆员创新的组织文化

图书馆的产品是为读者提供服务及所蕴含的知识，其服务的经济价值和社会价值体现在读者运用这些知识的程度。因此，图书馆文化创新的立足点是图书馆管理创新、服务创新，通过管理创新、服务创新，使图书馆的组织机构向扁平化、网络化发展。积极地、能动地培养和提高馆员的业务能力和读者的信息素养，通过高素质的馆员向社会提供高水准的信息服务，并通过读者对信息的利用，提高图书馆信息服务的经济价值和社会价值。

图书馆除了建立创新机制、安排教育训练外，主管应鼓励及支持员工成立工作兴趣小组，经常探讨业务缺失的改善，或通过头脑风暴，规划设计创新服务。当然，馆方应给予适当的时间安排和相关的资源支持，并对有成效的措施给予奖励。

4. 树立图书馆新形象

随着信息社会的日益发展，越来越多的商业机构参与到信息服务行业中，图书馆要保持自己的优势：一是要靠自己的专业特色、人员优势，高效、快速、准确地为用户提供服务。二是要不断创新，更新技术和服务，树立新形象，创造出与其他商务性信息服务不同的知识，才能创造出知识含量附加值更高的产品和服务，保持自己的优势和个性差异，以免在高度竞争中被淘汰。

5. 创新产品和服务的持续追踪和评估

对于创新产品或服务，在正式实施到稳定成长之间，仍可能有规划和建制阶段未注意到的问题。所以应持续关注运转形势，检讨缺失及绩效，以进一步改善，使其运作更理想。

（二）图书馆微观管理中几个问题的再认识

我国图书馆管理中的几个具体问题，有待我们深入研究，统一认识。

1. 在开架借阅中确定一个合理的丢书率

我国各类图书馆都不同程度地实行了开架借阅，这是我们在管理思想上的进步。作为具体部门的管理者和工作人员都希望有一个较为科学合理的丢书率标准,标准太高不符合实事求是的原则,标准太低则不利于调动积极性。根据实际经验和综合分析研究,在有监测器的情况下,丢书率一般在1%~3%。被认为是可以接受的;没有监测设备的,一般在0.3%~2%较为合理。关于丢书率的确定,我们认为关键的是对藏书的管理观念的更新。是重藏轻用,还是两者并重,这是区别现代图书馆管理与近代图书馆管理的分水岭。

2. 充分重视对藏书利用率的分析

对藏书利用率的计算和分析是我国图书馆界过去一直被忽视的问题,或者说重视得不够。在图书馆评估时,尚无此项要求和指标,结果是藏书丰富而利用率很低,这是最大的资源浪费。提高藏书利用率,关键是要图书馆建立起藏、借、阅"一条龙"的管理体系,同时,检索途径和手段要基本实现计算机化。

藏书利用率和文献利用率从本质上讲是有区别的,它们在外延和内涵上各不相同。概括地说,藏书利用率是馆藏文献的利用比率,文献利用率则是某单元的文献的利用比率。究竟多少是合理的藏书利用率,一般将平均值定在80%~200%之间。

某馆如果超过了这个指标,无疑该馆的文献开发工作是优秀以上了。

藏书利用率越高,证明文献开发工作做得越好,社会效益就越大。目前,影响藏书利用率的因素是文献经费的短缺、购置文献不足、闭架借阅方式、开架借阅过程中文献滞架及过时的书刊充斥馆藏等。因此,全开架借阅要建立经常的文献剔除制度及良好的服务体系。今后,我们在测评图书馆的整体水平时,是否将藏书利用率的高低作为衡量图书馆读者服务工作好坏和文献资源建设质量优劣的一项综合指标,是值得评估指标的设计专家们考虑的。

3. 加强对馆藏一线藏书开架率的研究

我们所说的全开架借阅,是指把除古籍善本、样本、珍本等特藏书之外的图书向各类读者开放借阅,供读者选择,并非要求将全部藏书向公众开放,因为图书馆还有一个文献保存的职能。因此,在衡量一所图书馆馆藏文献开架是否合理时,要将图书馆的类型、读者对象等作为参考条件来考虑。

4. 重视对文献老化和文献剔除工作的研究

在现代社会里,真正值得图书馆人骄傲的并非藏书量的多少,而是有多少知识和信息在读者中间传播与流通。国外的部分图书馆,对本馆的藏书数量基本上没有一个精确的记载,只对购进的新书做精确的统计。

有的图书馆,只有十多万到几十万册的总藏书量,这并非完全是经费不足所致,其诀窍是一直保持着"零增长"的文献累积速度,使文献管理和储存的空间保持着相对平衡的状态。

我国的图书馆馆舍建设一直呈蓬勃发展之势，个别图书馆的馆舍越盖越大，藏书越积越多，同类同规模的图书馆互相攀比，谁也没有认真统计一下藏书利用率的高低。对滞架、过时的图书舍不得剔除，其原因是为了片面追求藏书量的增大，似乎是藏书越多就越荣耀，这种观念是和现代图书馆的发展方向背道而驰的。

不同的学科文献有着不同的老化周期，且文献老化的周期随科学技术的发展而越来越短。过去，我们只是把它作为一个学术问题来研讨，似乎离我们的工作实际还有一段距离。现在看来，它早已摆在我们每一个管理者的桌面上了。出版物数量的剧增和出版周期的缩短，读者对文献新颖性、时效性的要求日益迫切，尤其是在理、工、农、林、医等专业领域最为突出。这些书刊在当时的复本率大多超过现今的平均值，这样的书刊在书架上，过多地占据了馆舍空间，导致了藏书量的无意义膨胀，影响了藏书利用率的提高。我们认为应该果断地采取剔除措施，保留品种，处理复本，努力使图书馆保持文献的"零增长"。

5. 将读者到馆率作为衡量读者工作水平和质量的硬指标

现代图书馆和古代藏书楼的主要区别在于读者利用文献的频率和到馆频率的高低。问题是怎样检测这个指标的准确性，比如，图书馆设立的自修室的人数往往容易被计入其内，而在计算机网络上访问和查询的读者又往往被忽视。严格来说，如果剔除这两项，达标和超标是有一定难度的。这个标准是衡量办馆水平和质量的一个重要杠杆，它是对办馆的硬件和软件实力的总检阅。因此，要增加对文献购置的经费投入，改善借阅条件，提高服务质量。

6. 电子化和网络化的文献资源建设应是当前图书馆现代化建设的中心

网络化的文献资源建设，是要充分利用图书馆局域网络中心，中国教育科研网和互联网，在网上下载国内外有关的信息资源。这样就形成了一种新的文献资源，可大大扩充现有文献系统的功能。

虚拟化的文献资源建设，是在网络化的基础之上，对非本单位的文献进行查询和浏览，但不一定是全文本式的传输和复制工作。为了充分利用这种"虚拟"资源，较大型的图书馆还应建立虚拟文献资源利用组织，专门提供此类的文献服务，最大限度地实现资源共享。目前，信息环境的基础设施建设包括以下主要内容。

①建立性能优良、运行可靠、有较好软件界面的图书馆局域网。依此建成的图书馆书目数据集成管理系统，由采访、编目、流通、公共检索、期刊、光盘信息库等基本模块组成。

②有一个多层次的数据库环境，供读者查询和访问。它包括馆藏书目数据库、电子文

献数据库（含二、三次文献和全文文献）、网络资源镜像库等，且有便利读者检索的条件。

③通过遍布于全校各个教学区和宿舍区的校园网平台，形成全校的信息检索查询网络。所形成的信息环境是在整个校园内，而不仅仅是在图书馆里。

④建立以多媒体为主体的声像、缩微阅览室，满足各类型、各层次的读者阅读各种文献载体的需要。

7. 着力建设好各自的书目数据库

近年来，随着国家信息高速公路的建设及信息网络事业的蓬勃发展，给图书馆事业带来了极为有利的发展契机。在网络环境下，我们的当务之急就是建设好各馆的书目数据库和做好上网工作，并联通有关的网络。同时，结合国家文献资源保障体系的建设，各大区和各中心城市的条件好、基础扎实、现代化程度高的图书馆，应率先向本地区、本系统开放各类数据库，充分实现文献资源共享。

8. 切实搞好特色图书馆的建设

近年来，特色图书馆日益受到人们的重视，并显现出旺盛的生命力。由于特色图书馆具有中型实用、立足当地、面向社会、藏书专一、服务特色明显、办馆方式灵活及人才特长突出等特点，因此，有些研究者认为，特色图书馆的建设，将是21世纪我国图书馆事业发展的道路之一。

第四节　基于图书馆的服务模式的创新

一、基于移动图书馆的服务模式创新

移动图书馆是新技术环境下图书馆服务的新形态，是数字图书馆基于移动终端设备的延伸，是图书馆服务模式的创新性表现，也是图书馆顺应时代技术进步的表现。图书馆丰富的馆藏资源为移动图书馆服务的开展提供了资源支持。移动图书馆根据用户信息需求，确定合理的移动图书馆服务系统、服务内容和服务模式，创新移动图书馆服务，与传统图书馆服务、数字图书馆服务共同成为图书馆服务集合，满足用户泛在化的需求。

（一）移动图书馆及其特点

移动图书馆也叫流动图书馆、无线图书馆、掌上图书馆、手机图书馆等。最早是以汽车图书馆或流动图书车的形式作为公共图书馆的一个服务项目服务于分散或偏远地区用

户。随着远程网络通信的发展，出现了通过电子传输把图书馆信息服务直接送到用户家中的电子流动图书，后来又逐步演变为用户可以通过互联网远程在线访问图书馆的数字化馆藏资源的数字图书馆。20 世纪末，伴随无线通信网络和移动接入技术的逐渐成熟，用户通过手机、PDA（掌上电脑）等手持移动设备随时随地接受或访问图书馆信息服务，实现了由流动的实体图书馆向移动的虚拟图书馆的进阶转变。进入 21 世纪后，国内各图书馆相继开展模式和内容丰富多样的移动服务，逐渐迎来真正意义上的移动图书馆服务。

移动图书馆是指依托于国际互联网、多媒体、无线移动网络等，用户不受地点、时间、空间的制约，通过使用一些移动设备（如手机、笔记本电脑等），方便、快捷地获取图书信息的查询、浏览的一种新兴的图书馆信息服务，是数字图书馆电子信息服务的延伸与补充。移动图书馆服务具有移动性、便携性、实时性、丰富性和主动性的特点。目前，移动图书馆服务主要包括读者账户、馆藏查询、书刊导航、热门推荐、参考咨询、服务指南、新书通报、开馆时间、相关新闻、意见反馈、活动通知、讲座信息等。

（二）移动图书馆服务模式及服务功能

1. 移动图书馆服务模式

（1）短信息服务

短信息服务是率先被普遍应用的移动图书馆服务模式，特点是速度快、效率高、费用低以及操作简便，主要有信息推送服务和短信咨询服务，提供如新书推介、讲座通知、欠费提醒、逾期催还、资料预约、图书续借、借阅查询、参考咨询等服务。

（2）WAP 移动网站服务

WAP 移动网站服务是继短信息服务后逐渐兴起和推广的一种服务模式，是对短信息服务模式的一种拓展和补充，内容主要涉及移动网站的模式推介、设计建策、绩效评价、应用现状以及移动 OPAC 等。WAP 网站服务模式是通过智能手机访问专用和通用网站的形式提供服务，是目前用户利用互联网与移动图书馆的主要方式。

（3）客户端应用服务

客户端应用服务是一种移动增值服务模式，是移动图书馆、数字图书馆与移动终端应用紧密融合的产物，具有功能强大、扩展性强、内容丰富、可定制、趣味性强等特点。目前，该模式在国外图书馆事业中逐渐普及，国内图书馆也正逐步引进和尝试，利用 App 新技术提供服务便是其中之一。因为具有独特优势，App 自被运用到图书馆以来一直备受关注。

2. 移动图书馆服务功能

目前，国内利用短信、WAP 模式、应用程序这三种模式开展图书馆移动服务，主要有常规性的服务、馆藏服务、个性化的服务、WAP 创新服务和手机阅读服务等。实现的主要服务功能包括：

第一，常规服务。主要包括开闭馆时间、图书馆新闻、服务介绍、新书通报。

第二，馆藏服务。主要包括书目查询、资源导航、数据库检索、联合资源平台。

第三，个性化的服务。主要包括我的图书馆、图书馆博客、微信公众平台、学科化服务、参考咨询、信息推送。

第四，WAP 创新服务。主要包括深化传统服务、拓展全新移动服务、直接面向用户服务、与用户互动交流。

第五，手机阅读服务。主要包括手机二维码、电子阅读器、手机电子书下载，手机全文阅读。

（三）移动图书馆应用现状和发展趋势

我国开展移动图书馆服务的时间相对较晚，大部分图书馆的移动服务均以短信息服务和 WAP 网站服务模式为主，主流服务模式为 WAP 网站服务模式，该服务模式主要是基于图书馆的基本服务、延伸性和拓展性的服务。目前，随着越来越多的图书馆开通 WAP 网站移动服务，服务功能已从短信通知、图书续借、预约通知等简单的功能逐渐向书目查询、数据库检索甚至统一检索、全文阅读等复杂功能转变。移动图书馆由于客户端应用功能强大，使用便捷，受到广大用户的欢迎，但目前尚缺乏必要的资源支持。移动图书馆的发展趋势如下。

1. 手持式终端设备智能化

上网速度、屏幕尺寸等越来越人性化，处理的速度及存储能力越来越强大，操作系统界面也越来越友好，服务内容和形式更趋多样化和人性化，内容和格式将会分离，将致力于解决不同数据库平台无法统一检索、不同手持设备无法实现统一访问以及不同数据存储格式的兼容等问题。

2. 服务模式体系化

将致力于实现服务模式的全面化和多样化，跟踪移动技术的进步与变化，建设系统的服务模式体系化。因此，图书馆要科学规划、合理分配三种服务模式的位置与角色，既要保留并充分挖掘短信等传统模式的效能，又要充分发挥 WAP 主流模式的核心作用，在此基础上积极发展客户端模式。三者之间相互渗透、相互作用，形成一个全面而系统的服务模式体系，以满足不同层次人群多样化的信息需要。

3. 服务功能层次化

按照服务层次由低到高的顺序排列，形成一个层次化的体系，可以较好地满足用户的不同需要。服务内容主要包括开馆时间、个人账号管理、借阅与传递服务、资源的一站式检索、检索与预订课程、主题和课程指南等。该馆最富特色的服务功能由参考咨询、馆藏综述、研究介绍、引用管理、研究咨询、情报跟踪六大部分组成。

4. 服务方式人文化

服务系统设计简捷、实用，把方便用户操作放在首位，重视服务功能，提供的信息多种多样，服务更加贴近生活。

5. 宣传推广科学化

改变移动图书馆只不过是传统图书馆服务辅助手段的观念，重视推广工作，制定合理的宣传推广方式，在图书馆主页提供全局导航并将与移动图书馆服务相关的宣传推介内容置于主页醒目位置进行宣传。

6. 客户端资源丰富化

加大客户端应用软件的开发力度，深化馆藏资源的开发，使更多的纸质资源与电子资源向客户端应用资源转化，充实特色馆藏。

二、基于图书馆联盟的服务模式创新

任何一个图书馆都不可能利用自身拥有的文献资源完全满足用户的需要，产生资源共建共享、利益互惠的图书馆合作群体是必然趋势，并逐渐发展为图书馆联盟服务。各种类型的多个图书馆相互之间的合作和图书馆资源共建共享的联盟服务，其服务力量远远超越任何一个独立图书馆。随着科学技术的不断进步和网络环境的飞速发展，移动网络成为网络发展主体，移动图书馆联盟模式也必然成为未来发展的主体模式。

（一）图书馆联盟及其目的

图书馆联盟是指各图书馆之间为了共同的目标通过某种协议建立起来的以若干图书馆为主体，联合相关的信息资源系统，按照统一的技术标准和工作程序，执行一项或多项合作功能的联合体。最早的图书馆联盟是由传统的馆际合作发展而来的。图书馆联盟必须是多个图书馆联合构成，有共同需要遵守的制度和协议，有专门的成员组织进行管理、监督和协调联盟的运作，为的都是降低成本，实现资源共建共享，利益互惠并更好地为用户服务。图书馆联盟的发展将直接影响图书馆联盟的研究发展方向及服务方式。

（二）图书馆联盟的作用和类型

越来越多的用户对信息的需求超越了地区、国家限制而转向全球的信息需求。图书馆联盟则可通过虚拟馆藏，用联合共建的方式打破地域限制，克服传统图书馆合作中各自为政的条块障碍和合作中完全由行政主导的缺陷，将分散的资源经过有序的组织后，提供一个海量信息通道满足读者的需要。

在国外，图书馆联盟的基本类型主要有：基于大规模计算机自动化系统运作的大型联盟、读者服务与处理日常业务的小型联盟、限于某一特定专题领域的专业联盟和为解决馆际互借或信息参考合作而建立的联盟。比如，国际图书馆联盟协会是最早的国际图书馆联盟组织，该组织拥有世界各地的图书馆成员馆。联机计算机图书馆中心是最著名的图书馆网络联盟组织，已经发展成为世界上最大的图书馆网络联盟，向世界多个国家和地区的图书馆提供信息服务。

在我国，主要有全国性图书馆联盟与区域性图书馆联盟、专业性图书馆联盟与综合性图书馆联盟等。全国性的图书馆联盟主要包括"中国数字图书馆工程""中国高等教育文献保障系统""国家科技图书文献中心"和"全国文化信息资源共享工程"，其中以"中国高等教育文献保障系统"最具代表性。

（三）图书馆联盟的服务模式

1. 馆际互借与文献传递

馆际互借服务分为用户自行借阅和图书馆代借。用户自行借阅是指联盟成员馆的读者凭有效证件，自行到成员馆借阅文献；图书馆代借是指读者通过馆际互借中心网站申请，由本馆代为借阅文献的服务。文献传递服务是图书馆工作人员根据用户需求，通过传真、复印邮寄或 E-mail 电子文本等形式，为读者提供本馆文献或获取其他图书馆的文献原文的服务。

2. 统一检索

图书馆联盟提供了基于异构系统的资源跨库统一检索服务，用户可按学科、数据库名称、文种等方式同时检索多个系统中的多种资源，包括数据库、电子期刊和电子图书，并得到详细记录和全文下载，也可选择单个数据库进行具体资源的检索。

3. 参考咨询

参考咨询是指在联盟内网络平台上，运用各联盟成员的专家及学科专门知识而进行的问答式服务。通常采取实时咨询和非实时咨询相结合的方式，实时咨询是咨询馆员在线与读者进行实时交流，非实时咨询是用户在咨询系统内以表单的方式填写咨询内容等待馆员的咨询回复。

4. 定题服务与代查代检

定题服务与代查代检是联盟根据用户的特定需求而开展的全程文献检索服务，提供的是针对性较强、专指度较高的信息服务。代查代检服务是联盟根据用户具体要求，依据用户描述的课题或特定需求的主题词、关键词作为检索入口，从开题立项到成果验收全程开展的文献检索服务。

5. 科技查新

科技查新是指通过计算机检索和手工检索等手段，运用综合分析和对比方法，为读者的科研立项、成果鉴定等提供事实依据的一种信息咨询工作，以避免用户重复的研究工作。

6. 网上培训

网上培训分为馆员培训和用户培训，馆员培训是为提高联盟成员馆从业人员的专业技能和服务水平而进行的在职培训，用户培训是为了让用户了解可获取信息服务的类型和实现方法而进行的联盟服务项目培训。

7. 个性化服务

个性化服务是指用户可自主设定所跟踪的学科领域中的专题，自动获取联盟中心最新相关专题信息，可直接调取相关内容或者联盟信息专家根据用户个性化需求主动推送或提供个体专题信息的服务。

8. 科技评估

科技评估是指由科技评估机构根据委托方明确的目的，遵循一定的原则、程序和标准，运用科学、可行的方法对科技政策、科技计划、科技项目、科技成果、科技发展领域、科技机构、科技人员以及与科技活动有关的行为所进行的专业化咨询和评判活动。

（四）图书馆联盟的发展趋势

图书馆联盟的发展经过了为实现图书馆之间馆藏文献资源联合编目、联合目录、文献传递、参考咨询的共建共享而形成的，以地域式资源共享模式、主题式资源共享模式、组织协作共享模式为主的传统图书馆联盟阶段，进入了以数字化信息资源共享为标志的数字图书馆联盟发展阶段。目前，随着泛在知识环境的深入发展，图书馆联盟又逐渐进入了一个全新的发展阶段——移动图书馆联盟。

1. 移动图书馆联盟

移动图书馆联盟是图书馆以无线网络技术为知识资源推送手段，以合作方成员自有资源与网络资源为知识仓库，与移动运营商、数据库开发商、网络信息技术公司等网络运营商、服务商等以商业化运作的形式组织起来的、受共同认可的协议和合同制约，以实现资源共享、互惠互利为目的，以实现读者任何时间、任何地点都能无限制地获取信息资源为目标的联合体。它是一种完全不同于以往图书馆联盟与数字图书馆联盟的全新的组织形式，是一个面向用户的信息服务平台，也是图书馆信息资源共享发展的新趋势。

2. 移动图书馆联盟信息服务平台功能

移动图书馆联盟信息服务平台主要有用户管家、学科服务、移动定制、特色生活服务、专业信息咨询以及联盟 BBS 等服务功能，是用户与联盟服务人员进行信息交流的媒介，用户可以通过信息服务平台更快捷、方便地从图书馆联盟内获得所需信息资源。用户之间也可以实现知识的交互传递，是面向用户需求的全方位、多层次、多元化的移动信息服务。

(1) 移动网络终端选择

移动网络终端主要包括可接收短信息的智能手机、可运用无线网络的无线上网设备以及其他随网络技术不断发展而产生的可随时随地进入网络的设备。

(2) 用户管家功能

用户管家功能是用户进行图书浏览和检索过程中主动为用户提供检索帮助、图书收藏以及联盟文献资源推荐服务，提供信息导航，指引用户快速获取所需信息并自动整理和更新用户浏览过的图书供用户选择使用的功能。

(3) 移动信息定制服务功能

随时为用户提供用户定制的相关内容，根据用户查询内容分析用户资源利用动向和信息获取方向并进行推送，提供全程式的跟踪服务，是针对性较强的学科专业化定制服务。

(4) 学科服务和咨询服务功能

整合各专业学科及相关学科信息，方便用户能够在任何环境下获取所需的信息资源，提供个性化的服务和定题服务。为用户提供多种在线咨询服务和表单咨询服务，帮助用户解决服务过程中遇到的任何问题。

(5) 特色服务和联盟 BBS

为用户提供天气、交通、生活百科等特色服务和个性化的定制服务。通过联盟平台进行交流，可以是馆员间的交流，也可以是用户和馆员的交流或者是用户之间的交流。

3. 移动图书馆联盟的意义

移动图书馆联盟由供应商提供整套的移动数字图书馆系统解决方案，解决了以往图书馆联盟信息资源有限的问题与版权问题，其管理体制与运行机制为移动图书馆联盟的运作提供了良好的内外部环境，有利于获得稳定的财政支持，拓宽资金来源渠道。移动图书馆联盟可以有效地整合联盟图书馆海量的纸质馆藏资源、数字信息资源与优质的信息服务，真正达到让用户在任何时间、任何地点都能够方便快捷，无限制地访问并共享任何一个图书馆的信息资源，成为图书馆联盟科学发展的共享模式，是图书馆联盟可持续发展的有效途径。可以预见，未来的图书馆联盟必将是移动图书馆联盟，必将成为图书馆信息资源共享发展的新方向与理想模式。

三、基于图书馆阅读推广的服务模式创新

（一）阅读推广

1. 阅读推广的含义

"阅读推广"一词来源英文的"Reading Promotion"，也有人将"Reading Promotion"翻译为"阅读促进"。"Reading Promotion"一词常见于联合国教科文组织、美国国会图书馆、美国国家艺术基金会的"大阅读"项目、国际图书馆协会联合会等倡导全民阅读的组织、机构的网站和工作报告。但是在英语世界，无论是机构网站、工作报告、期刊论文，还是维基百科，都没有赋予"Reading Promotion"一个学术性的定义，人们普遍认为"Reading Promotion"是一个意思清楚的词汇，无须作专门的定义。国际上发出全民阅读的倡议之后，我国迅速响应，借用了"Reading Promotion"这个概念，并将其翻译为"阅读推广"。自20世纪90年代以来，"阅读推广"逐渐成为国内图书馆界、出版界的一个常用词、高频词。按照字面理解，"阅读推广"是为推动全民阅读开展的所有引导阅读、激励阅读的活动的统称。

随着《中华人民共和国公共文化服务保障法》《全民阅读促进条例》《中华人民共和国公共图书馆法》等国家层面法律法规的颁布与实施，赋予了阅读推广新的内涵。

2. 阅览推广的特点

（1）文化传承性

阅读推广是利人利己、利国利民的长远兴邦之计，关乎民众的文化内涵和国家的竞争力，任何组织形式的阅读推广者都可能树立高度的文化自觉意识。

（2）公众参与性

阅读推广是面向最广泛人群开展的文化传播活动，各个领域、各个层面的人都需要被涉及，参与的人越多，被影响的人越多，社会效益就越突出。

（3）社会公益性

以谋求文化传播、知识服务的社会效应为目的，坚持开放、平等的精神，并有必要面

向阅读有困难的人重点开展服务。

（4）定位多向性

不同阅读推广主体对阅读推广的定位有所不同，例如，政府是作为发展战略而部署；企事业单位是作为组织文化而培育；学校是作为教育手段而组织；图书馆是作为事业而开展；个人是作为爱好而参与。

（5）主动介入性

阅读推广者一般要组织不同规模的读书活动，主动激发、引导、促进读者读书，并可以主动了解读者的阅读需求，以促进、影响读者的阅读选择。

（6）成效滞后性

阅读推广活动作用于社会个体之后，社会个体要经过思考、实践之后方有成效，而这种成效还是隐性的；再转化为社会成效，这个环节更是难以观测和量化。

（二）图书馆阅读推广

在阅读推广大潮中，图书馆因为是体系成熟、布点广泛、资源富集、专业化程度高的文化基础设施，所以自然而然地成为阅读推广的一支核心力量。

图书馆阅读推广的关键要素是"创意""策划"。这是近些年所有参与图书馆阅读推广活动的同行的同感，大家普遍认识到，阅读推广和以前的图书馆新书推荐等活动的最大区别，就是其活动的创意性。不管是成立跨部门团队还是成立新部门，大家都感觉这个团队、这个部门很像公司里的广告设计和创意部门，所开展的阅读推广活动，只要创意到位了，就意味着成功了一大半，创意是阅读推广的前提。

阅读推广的直接目的是提高馆藏的流通量和利用率，这个直接目的达到后，才能间接发挥培养读者的阅读兴趣、阅读习惯以及提高读者的阅读质量、阅读能力、阅读效果的作用。报刊、电视、网络可以推广全国出版社出版的任何一本书，但是图书馆不能如此，它必须推荐自己的馆藏。

总之，图书馆阅读推广主要靠富有创意的形式提高读者的阅读兴趣，靠优良的空间和氛围帮助读者养成阅读习惯，靠科学的馆藏发展政策保障读者的阅读质量，靠以海量馆藏带来的压迫感和信息素养教育帮助读者提高阅读能力，靠组织有序、体系完备的馆藏提升读者的阅读效果。

（三）图书馆阅读推广服务

1. 图书馆阅读推广的分类

就图书馆阅读推广的外延或图书馆人对阅读推广的认定而言，图书馆阅读推广是图书馆营销和新型阅读服务的统称。

（1）图书馆营销

图书馆营销是一种新的图书馆服务，在我国又称图书馆宣传推广。图书馆营销的目的是让公众知晓图书馆。图书馆营销与读者阅读没有直接联系，或者说图书馆宣传不能直接促使公众形成阅读意愿或提升阅读能力，但图书馆营销能让公众知道图书馆是什么、图书馆在哪儿、图书馆做什么，因而它对公众利用图书馆进行阅读具有促进作用。进入新世纪后，图书馆营销发展很快。图书馆营销与严格意义上的阅读推广有较大差异，但图书馆界往往仍将其当成阅读推广。

（2）新型阅读服务

图书馆的绝大多数服务与阅读相关，从本质上来说，图书馆服务就是阅读服务。以往图书馆服务主要有文献服务和信息服务两大类型，而当代图书馆服务中出现的许多阅读服务一改传统图书馆服务的高雅、宁静、稳定的基本特征，变得流动与喧嚣，如馆员或读者开展有声阅读，包括讲故事、绘本阅读等方式，为书面阅读兴趣或阅读能力不足的人提供阅读服务；图书馆组织读者开展阅读交流活动，含读书沙龙、兴趣小组、读后感交流、写书评等，为读者提供交互类阅读服务；图书馆开展各类手工或制作活动，如创客、制作、种养、剪纸、书画等，使读者在动手活动中接触阅读，享受间接的阅读服务；图书馆提供舞台场地设施或其他表演服务，组织读者开展朗诵、儿童情景剧、绘本剧等表演，帮助读者借助舞台表演或观摩他人表演，增进对读物的理解；图书馆组织知识竞赛、作文比赛、猜谜等竞赛活动，促进读者扩大阅读范围，增进阅读理解；图书馆开展讲座或展览活动，将知识生动形象地传递给更多的人。此外，图书馆还有许多其他阅读服务，如真人图书馆、晒书会、图书漂流等。上述服务的目的是促进公众阅读，帮助公众提升阅读意愿和阅读能力，它们都属于阅读推广。但因为与传统文献借阅式阅读服务相比，这类服务具有活动化的特征，人们更愿意将它们称为新型阅读服务。这类新型阅读服务，现在都被称为阅读推广。

（3）阅读疗法服务

阅读疗法服务是特定领域的阅读服务。阅读疗法是以文献为媒介，将阅读作为保健、养生及辅助治疗疾病的手段，使自己或指导他人通过对文献内容学习、讨论和领悟，养护和恢复身心健康的一种方法。阅读疗法服务能治疗心理疾病、培养正确人生观、节约医疗成本等。图书馆是每个人都能去的场所，读者到图书馆进行阅读治疗，不会泄露任何隐私，无任何精神压力和顾虑。

2. 图书馆阅览推广的实施

（1）明确主旨

任何阅读推广主体开展阅读推广活动都很难，其实不需要做到面面俱到、人人兼顾，重要的是应该有明确的主题、恰切的定位、既定的目标、鲜明的特色。阅读推广活动主旨既可以围绕优秀传统文化的传播，也可以体现时代精神，还可以结合所面向的客体、对象的特点。确定阅读推广主旨应做好前期调研，了解阅读推广对象的阅读状况、需求、期望与兴趣趋向。

（2）创造条件

阅读有赖于高质量的阅读环境，各种相应的硬件和软件是开展阅读推广活动必不可少的基础，也是全民阅读事业可持续发展的重要保障。因而，如何善于利用阅读资源是阅读推广者需要思考的问题。阅读推广活动与许多因素都有直接或间接的关系，包括书刊、经费、物资、场地、人员、网络、时间、活动方式、管理制度、管理机构、相应法律法规等，争取相应资源、创造性利用资源不能忽视。

（3）周密运筹

阅读推广活动的效果在很大程度上取决于优秀的方案和周密的运筹，创意魅力、资源调配、步骤实施、投入成本、读者响应是开展阅读推广活动有机相连的几个关节点。在处理阅读推广活动中千差万别的各种问题时，应坚持以"读书"为核心，在"实效"上做文章，在"求新"上想办法，在"持久"上下功夫。

（4）协作推进

阅读推广主体的多元性，决定着社会各界的组织与个人均具有开展阅读推广活动的责任与可能，从国际组织、国家的各级政府、社区、家庭、个人等，到教育机构、出版社、书店、图书馆、各类企事业单位、民间团体、服务业、媒体等，均需要以更加开放的视野、更加宏观的高度、更加先进的理念，在阅读推广过程中加强交流，相互合作，形成联盟，优势互补，共享资源、方法与成果，努力开展机构协作与个人协作、内部协作与外部协作、区域协作与跨地协作、行业协作与跨界协作、单项协作与全面协作、松散协作与紧密协作。

（5）打造品牌

优秀的阅读推广活动既可以达到预期的阅读推广目的，也可以形成文化品牌，提升人们对阅读内涵的理解度、对阅读价值的认知度、对阅读效果的信任度、对阅读活动的参与度。品牌最持久的要素是价值、文化和个性，作为阅读推广主体应积极寻求阅读推广品牌的支撑点，要探索阅读推广品牌建设的规律，通过有意识的个性化品牌的打造，使人们在参与阅读推广活动时获益。

(6) 提升自己

开展高质量的阅读推广活动，必须依赖高水平的阅读推广主体，阅读推广主体最终表现为一个个具体的阅读推广人。阅读推广人是阅读推广活动方案的策划者和执行者，其素养和能力直接影响着阅读推广对象的态度和阅读推广活动的实施。阅读推广实质上是一种服务，从理论上说，如果服务者的素养接近、等于或大于被服务者的素养，其服务活动成功的概率就会随之增加。因此，作为阅读推广人，必须在以下几个方面不断提高自己：一是爱读书，会读书，有深厚的阅读积累，能给读者以参考意见；二是懂读者，易沟通，能取得读者的信任；三是能策划，善组织，能充分获得和调配阅读推广资源。设立"职业阅读推广人制度"有助于强化阅读推广人的责任感，提高阅读推广活动的专业水准。

参考文献

[1] 李蕾，史蕾. 公共图书馆服务与创新管理 [M]. 延吉：延边大学出版社，2022.

[2] 邓润阳. 图书馆阅读服务与现代信息管理 [M]. 长春：吉林出版集团股份有限公司，2022.

[3] 朱丹阳. 图书馆现代化管理与服务创新研究 [M]. 长春：吉林大学出版社，2022.

[4] 吴帅. 图书馆管理与服务研究 [M]. 汕头：汕头大学出版社，2022.

[5] 安相芹，高红莲，郭素春. 图书馆管理与服务深化探索 [M]. 北京：线装书局，2022.

[6] 付光宇，康利，祝捷. 图书馆管理与服务深化探索 [M]. 哈尔滨：北方文艺出版社，2022.

[7] 张伟伟. 图书馆管理与服务创新研究 [M]. 哈尔滨：北方文艺出版社，2022.

[8] 赵曾，朱彦. 公共图书馆管理与阅读服务 [M]. 哈尔滨：北方文艺出版社，2022.

[9] 李春艳. 新时代图书馆读者管理与服务模式 [M]. 青岛：中国海洋大学出版社，2022.

[10] 赵兴雅. 现代图书馆服务理论与实践研究 [M]. 长春：吉林人民出版社，2022.

[11] 魏奎巍. 图书馆信息化建设与服务创新研究 [M]. 长春：吉林出版集团股份有限公司，2022.

[12] 孙建丽. 现代图书馆管理与信息技术应用研究 [M]. 沈阳：万卷出版公司，2022.

[13] 罗颖. 图书馆管理与数字化建设研究 [M]. 长春：吉林出版集团股份有限公司，2022.

[14] 王春明，裘钢. 专业图书馆知识产权研究与服务 [M]. 广州：广东科学技术出版社，2022.

[15] 马蓉，胡琬坤，杨丽杰. 图书馆管理与阅读服务 [M]. 长春：吉林人民出版社，2021.

[16] 谷春燕，李萧，阿曼古丽·艾则孜. 图书馆读者服务与管理 [M]. 银川：宁夏人民出版社，2021.

[17] 王海河. 公共图书馆服务与创新管理 [M]. 长春：吉林摄影出版社，2021.

[18] 高伟. 图书馆建设与阅读服务管理 [M]. 长春：吉林人民出版社，2021.

[19] 宋菲，张新杰，郭松竹. 图书馆资源建设管理与阅读服务研究 [M]. 长春：吉林人民出版社，2021.

[20] 李蕾，徐莉. 图书馆管理策略与阅读服务创新研究 [M]. 长春：吉林人民出版社，2021.

[21] 许莉. 公共图书馆古旧文献管理与服务 [M]. 长沙：湖南大学出版社，2021.

[22] 梁艳玲. 图书馆服务与管理创新研究 [M]. 长春：吉林教育出版社，2021.

[23] 纪淑波. 数字图书馆信息化服务与管理研究 [M]. 长春：吉林文史出版社，2021.

[24] 刘斌，林蓉. 大数据时代图书馆信息服务创新与管理研究 [M]. 哈尔滨：哈尔滨出版社，2021.

[25] 魏群义，许天才. 移动图书馆的用户体验模型与服务质量提升研究 [M]. 北京：中央编译出版社，2021.

[26] 高莉. 图书馆管理与档案资源建设 [M]. 长春：吉林人民出版社，2021.

[27] 章先贵. 图书馆管理与信息服务研究 [M]. 北京：中国原子能出版社，2020.

[28] 刘瑞琨，马燕，王贤云. 现代图书馆管理与阅读推广服务 [M]. 银川：宁夏人民出版社，2020.

[29] 王丽芹. 公共文化服务体系下图书馆服务与管理 [M]. 沈阳：沈阳出版社，2020.

[30] 朱明，周倩. 图书馆服务管理内化 [M]. 北京：中国社会科学出版社，2020.

[31] 穆桂苹，王鸿博，崔佳音. 图书馆管理与阅读服务研究 [M]. 沈阳：辽海出版社，2020.

[32] 郝芳. 数字图书馆服务管理研究 [M]. 天津：天津科学技术出版社，2020.

[33] 王鑫明. 图书馆管理与读者服务提升研究 [M]. 西安：西北工业大学出版社，2020.